MAXIMES
SUR
LE DEVOIR DES ROIS.

MAXIMES
SUR
LE DEVOIR DES ROIS,
ET
LE BON USAGE
DE LEUR AUTORITÉ.

Tirées de differens Auteurs.

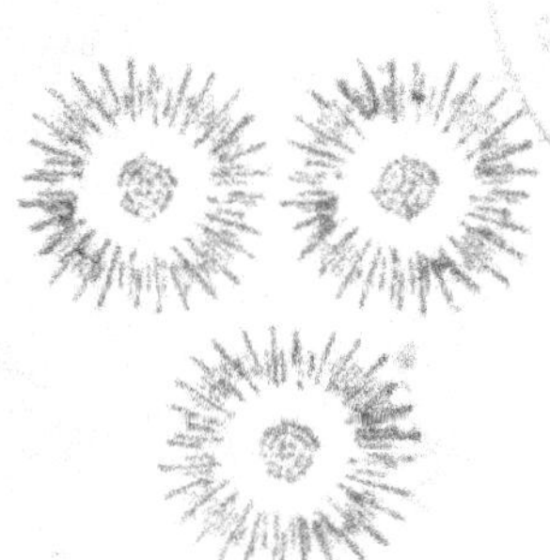

EN FRANCE.

M. DCC. LIV.

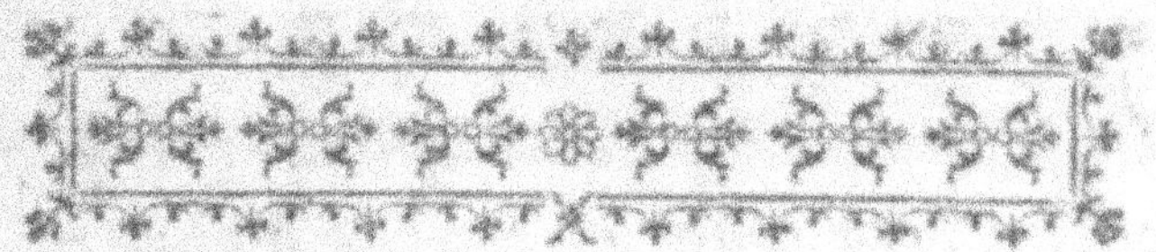

PREFACE.

PLusieurs abusant de la bonté des Princes & de l'honneur qu'ils en ont reçu, en sont devenus superbes & insolens.

Et non-seulement ils tâchent d'opprimer les Sujets du Roi, mais ne pouvant porter avec moderation la gloire dont ils ont été comblés, ils font des entreprises contre ceux même dont ils l'ont reçue.

Ils ne se contentent pas de méconnoître les graces qu'on leur a faites, & de violer dans eux-mêmes les droits de l'humanité naturelle; mais ils s'imaginent même pouvoir se soustraire à la Justice du Dieu qui voit tout.

Leur folie a passé à un tel excès, que s'élevant contre ceux qui s'acquittent de leur charge avec une grande fidélité, & qui se con-

duisent de telle sorte qu'ils méritent d'être loués de tout le monde; ils tâchent de les perdre par leurs mensonges & leurs artifices.

En surprénant par leurs deguisemens & par leur adresse la bonté des Princes, [que leur sincerité naturelle porte à bien juger de celle des autres.] Ceci se voit clairement par les anciennes Histoires, & on voit encore tous les jours combien les bonnes inclinations des Princes sont souvent alterées par de faux rapports.

C'est pourquoi nous devons pourvoir à la paix de toutes les Provinces.

Que si nous ordonnons des choses qui paroissent differentes, vous ne devez pas croire que cela vienne de la legéreté de notre esprit, mais plutôt que c'est la vue du bien public qui nous oblige de former nos Ordonnances selon la dive sité des temps & la nécessité de nos affaires. Esther. Chap. 16. v. 2. & suivans.

TABLE DES MATIERES.

MAXIMES .... *tirées du petit Carême de M. Massillon, Evêque de Clermont, prêché devant Sa Majesté.* Pag. 1.

MAXIMES .... *tirées de l'Extrait d'un Sermon de l'Evêque de Sarlat, prêché devant Louis XIV, en 1646.* 41.

MAXIMES .... *tirées de la Politique de M. Bossuet Evêque de Meaux, Précepteur de Monseigneur le Dauphin.* 43.

MAXIMES .... *tirées de l'Institution d'un Prince, par M. du Guet.* 75.

MAXIMES .... *tirées de l'Extrait de la Préface des Annales de la Monarchie Françoise, par Limiers.* 103.

Fin de la Table.

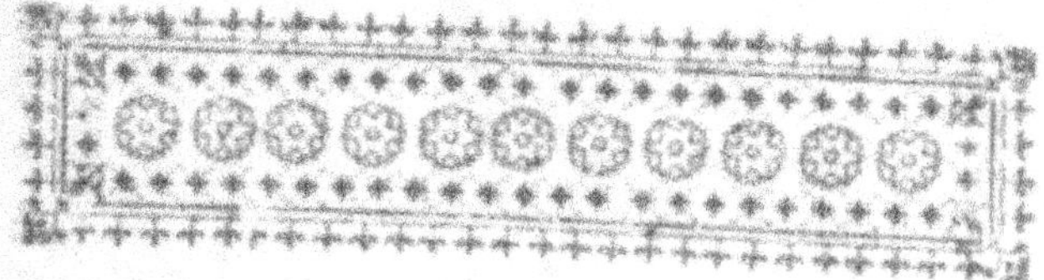

MAXIMES
SUR
LE DEVOIR DES ROIS,
ET
LE BON USAGE
DE LEUR AUTORITÉ;

Tirées du petit Carême de M. Maſſillon, Evêque de Clermont; prêché en 1718 devant S. M.

I.

SIRE, heureux le Peuple qui trouve ſes modéles dans ſes maîtres; qui peut imiter ceux qu'il eſt obligé de reſpecter; qui apprend dans leurs exemples à obéir à leurs loix; & qui n'eſt pas contraint de détourner ſes regards de ceux à qui il doit des hommages! (*pag.* 9.*)

* Edition grand *in*-12. 1745.

A

II.

Tel est, SIRE, le malheur des Grands que des paſſions injuſtes entraînent. Leur exemple corrompt tous ceux que leur autorité leur ſoumet : ils répandent leurs mœurs, en diſtribuant leurs graces ; tout ce qui dépend d'eux, veut vivre comme eux. SIRE, n'eſtimez dans les hommes que l'amour du devoir ; & vos bienfaits ne tomberont que ſur le mérite : condamnez dans les autres ce que vous ne ſçauriez vous juſtifier à vous-même ; les imitateurs des paſſions des Grands inſultent à leurs vices en les imitant. Quel malheur, quand le Souverain, peu content de ſe livrer au déſordre, ſemble le conſacrer par les graces dont il l'honore dans ceux qui en ſont ou les imitateurs ou les honteux miniſtres ! Quel opprobre pour un Empire ! Quelle indécence pour la majeſté du gouvernement ! Quel découragement pour une Nation, & pour les Sujets habiles & vertueux, à qui le vice enleve les graces deſtinées à leurs talens & à leurs ſervices ! Quel décri & quel aviliſſement pour le Prince dans l'opinion des Cours étrangères ! Et de-là quel déluge de maux dans le Peuple ! Les places occupées par des hommes corrompus : les passions toujours suivies par le mépris, devenues la voye des honneurs & de la gloire ; l'autorité établie pour maintenir l'ordre & la pudeur des loix, méritée par les excès qui les violent : les mœurs corrompues dans leur source, &c. (*pag.* 10, 11 & 12.)

III.

MAIS, SIRE, si la justice & la piété dans les Grands prennent la place des passions & de la licence, quelle source de bénédictions pour les Peuples ! C'est la vertu qui distribue les graces ; c'est elle qui les reçoit : les honneurs vont chercher l'homme sage qui les mérite & qui les fuit ; & fuient l'homme vendu à l'iniquité, qui court après : les fonctions publiques ne sont confiées qu'à ceux qui se dévouent au bien public : le crédit & l'intrigue ne mênent à rien ; le mérite & les services n'ont besoin que d'eux-mêmes : le goût même du Souverain ne décide pas de ses largesses ; rien ne lui paroît digne de récompense dans ses Sujets que les talens utiles à la Patrie : les faveurs annoncent toujours le mérite, ou le suivent de près ; il n'y a de mécontens dans l'Etat que les hommes oiseux & inutiles. . . . . En un mot, les Peuples sont soulagés, les foibles soutenus, les vicieux laissés dans la boue, les justes honorés, Dieu béni dans les Grands qui tiennent ici bas sa place, &c. (*pag.* 12 *&* 13.

IV.

SIRE, si l'amour du plaisir l'emporte dans les Souverains sur la gloire ; hélas ! tout sert à leurs passions ; tout s'empresse pour en être les ministres ; tout en facilite le succès ; tout en réveille les désirs ; tout prête des armes à la volupté : des Sujets indignes la favorisent ; les adulateurs lui donnent des titres d'honneur ; des Auteurs profanes la chantent & l'embellissent ; les arts s'épuisent pour en diversifier les plaisirs ; tous les talens destinés par l'Auteur de la nature, à servir à l'ordre & à la décoration de la société, ne servent plus qu'à celle du vice ; tout devient les Ministres, & parlà les complices de leurs passions injustes. SIRE, qu'on est à plaindre dans la grandeur! Les passions, qui s'usent par le temps, s'y perpétuent par les ressources; les dégouts, toujours inséparables du désordre, y sont réveillés par la diversité des plaisirs; le tumulte seul, & l'agitation qui environne le Thrône, en bannit les réflexions, & ne laisse jamais un instant le Souverain avec lui-même. Les Nathans eux-mêmes, les Prophètes du Seigneur se taisent, & s'affoiblissent en l'approchant: tout lui met sans cesse sous l'œil sa gloire; tout lui parle de sa puissance; & personne n'ose lui montrer, même de loin, ses foiblesses. (*pag.* 15 *&* 16.)

V.

La France... est encore plus en spectacle qu'aucune autre Nation: les étrangers y viennent en foule étudier nos mœurs, pour les porter ensuite dans les Contrées les plus éloignées.... Et comme le Thrône a toujours leurs premiers regards, (nous les voyons) se former sur la sagesse & la modération, ou sur l'orgueil & les excès du Prince qui le remplit. SIRE, montrez leur un Souverain qu'ils puiſſent imiter : que vos vertus & la ſageſſe de votre gouvernement les frappent encore plus que votre Puiſſance : qu'ils ſoyent encore plus ſurpris de la juſtice de votre Regne, que de la magnificence de votre Cour : ne leur montrez pas vos richeſſes, comme ce Roi de Juda aux Etrangers venus de Babylone ; montrez-leur votre amour pour vos Sujets, & leur amour pour vous, qui eſt le véritable thréſor des Souverains : ſoyez le modéle des bons Rois ; & en faiſant l'admiration des Etrangers, vous ſerez le bonheur de vos Peuples. (*pag.* 17, 18 *&* 19.)

V I.

SIRE, les Princes, dès qu'ils ſe livrent au vice, ne connoiſſent plus d'autre frein que leur volonté ; & leurs paſſions ne trouvent pas plus de réſiſtance que leurs ordres. David veut jouir de ſon crime : l'élite de ſon armée eſt bientôt ſacrifiée ; & par-là périt le ſeul témoin incommode à ſon incontinence. Rien ne coûte, & rien ne s'oppoſe aux paſſions des Grands : ainſi la facilité des paſſions en devient un nouvel attrait : devant eux toutes les voyes du crime s'applanissent, & tout ce qui plaît est bientôt possible. .... Les Princes & les Grands ne font pas assez de cas des hommes, pour redouter leurs censures : les hommages publics qu'on leur rend, les rassûrent sur le mépris secret qu'on a pour eux : ils ne craignent pas un public, qui les craint, & qui les respecte ; & à la honte du siécle, ils se flattent avec raison, qu'on a pour leurs passions les mêmes égards que pour leur personne. La distance qu'il y a d'eux au Peuple, le leur montre dans un point de vue si éloigné, qu'ils le regardent comme s'il n'étoit pas : ils méprisent des traits partis de si loin, & qui ne sçauroient venir jusqu'à eux ; & presque toujours, devenus les seuls objets de la censure publique, ils sont les seuls qui l'ignorent. (*pag.* 27, 28 & 29.)

VII.

SIRE, quel fléau pour les Grands, que ces hommes nés pour applaudir à leurs passions, ou pour dresser des piéges à leur innocence ! Quel malheur pour les Peuples, quand les Princes & les Puissans se livrent à ces ennemis de leur gloire, parce qu'ils le ſont de la ſageſſe & de la vérité ! Les fléaux des guerres & des ſtérilités ſont des fléaux paſſagers, & des temps plus heureux raménent bientôt la paix & l'abondance : les Peuples en ſont affligés ; mais la ſageſſe du gouvernement leur laiſſe eſpèrer des reſſources : le fléau de l'adulation ne permet plus d'en attendre ; c'eſt une calamité pour l'Etat, qui en promet toujours de nouvelles : l'oppreſſion des Peuples déguiſée au Souverain, ne leur annonce que des charges plus onéreuſes : les gémiſſemens les plus touchants que forme la miſére publique, paſſent bientôt pour des murmures : les *remontrances les plus juſtes & les plus reſpectueuſes*, l'adulation les traveſtit en une témérite puniſſable ; & *l'impoſſibilité* d'obéir n'a plus d'autre nom que la rébellion & la mauvaiſe volonté qui refuſe. (*pag.* 33 *&* 34.)

VIII.

SIRE, défiez-vous de ceux, qui, pour autoriſer les profuſions immenſes des Rois, leur groſſiſſent ſans ceſſe l'opulence de leurs Peuples. . . . le zele de vos Sujets est inépuisable ; mais ne mésurez pas là-dessus les droits que vous avez sur eux. . . . vous augmenterez vos ressources en augmentant leur tendresse. . . . souvenez-vous de ce jeune Roi de Juda. . . . qui pour avoir voulu exiger de ses Sujets au-delà de ce qu'ils lui devoient. . . perdit leur amour & leur fidélité qui lui étoit dûe. Les conseils agréables sont rarement des conseils utiles ; & ce qui flatte les Souverains, fait d'ordinaire le malheur des Sujets. (*pag*. 34 & 35.)

IX.

LES SUGGESTIONS flatteuses des méchans (disoit Assuérus) ont toujours perverti les inclinations louables des meilleurs Princes ; & les plus anciennes histoires nous en fournissent des exemples : *Et ex veteribus probatur historiis. . . . Quomodò malis quorumdam suggestionibus, regum studia depraventur.* C'étoit un Roi infidele qui fait cet aveu public à ses Sujets : les conseils *specieux & iniques* d'un *flatteur* alloient souiller toute la gloire de son Empire : la fidélité du seul Mardochée arrêta le bras prêt à tomber sur les innocens. Un ſeul Sujet fidéle décide ſouvent de la félicité d'un regne & de la gloire du Souverain ; & il ne faut auſſi qu'un ſeul *Adulateur*, pour flétrir toute la gloire du Prince, & faire tout le malheur d'un Empire. (*pag.* 36.)

X.

Les discours flatteurs aſſiégent le Thrône (des Rois) s'emparent de toutes les avenues, & ne laiſſent plus d'accès à la Vérité. Ainſi le Souverain eſt ſeul étranger au milieu de ſes Peuples ; il croit manier les reſſorts les plus ſecrets de l'empire, & il en ignore les événemens les plus publics : on lui cache ſes pertes ; on lui groſſit ſes avantages : on lui diminue les miſéres publiques : on le joue à force de le reſpecter : il ne voit plus rien tel qu'il eſt : tout lui paroît tel qu'il le ſouhaite. . . . C'eſt l'adulation qui fait d'un bon Prince, un Prince né pour le malheur de ſon Peuple : c'eſt elle qui fait du Sceptre un joug accablant ; & qui à force de louer les foibleſſes des Rois, rend leurs vertus mêmes mépriſables. (*pag.* 38 *&* 39.)

X I.

Mais l'adulation la plus dangereuſe eſt dans la bouche de ceux, qui, par la ſainteté de leur caractère, ſont établis les miniſtres de la vérité : allez, dit le Seigneur, à l'eſprit de menſonge : entrez dans la bouche des Prophêtes du Roi Achab : vous réuſſirez ; vous le tromperez ; & ſa ſéduction eſt inévitable : *decipies & prævalebis. . . .* (*pag.* 40 *&* 41.)

X I I.

Quel malheur pour les Grands, de trouver d'indignes apologiſtes de leurs vices, parmi ceux qui en auroient dû être les Cenſeurs ; d'entendre autour de leur Thrône les Miniſtres & les Interprêtes de la Religion, parler comme le Courtiſan ; & trouver des adulateurs, où ils auroient dû trouver des Ambroiſes ! (*pag.* 42.)

X I I I.

Si (le Souverain) fait ſervir à lui ſeul une puiſſance qui ne lui eſt donnée que pour rendre heureux ceux qu'il gouverne.... s'il n'eſt Roi que pour le malheur des hommes, & que comme ce Roi de Babylone, il ne veuille élever la Statue impie, l'Idole de ſa grandeur, que ſur les larmes & les débris des Peuples & des Nations : Grand Dieu! Quel fléau pour la terre! Quel préſent faites-vous aux hommes dans votre colère, en leur donnant un tel Maître! (*pag. 49.*)

XIV.

SIRE, ce ne ſera ni la force de vos armées, ni l'étendue de votre Empire, ni la magnificence de votre Cour, qui vous rendront cher à vos Peuples; ce ſeront les vertus qui font les bons Rois, la juſtice, l'humanité, la crainte de Dieu. Vous êtes un grand Roi par votre naiſſance; mais vous ne pouvez être un Roi cher à vos Peuples que par vos vertus : les paſſions qui nous éloignent de Dieu, nous rendent toujours injuſtes & odieux aux hommes : les Peuples ſouffrent toujours des vices du Souverain : tout ce qui *outre* l'autorité, *l'affoiblit* & la degrade; les Princes dominés par les passions, sont toujours des Maîtres incommodes & bizarres; le gouvernement n'a plus de *régle*, quand le Maître lui-même n'en a point : ce n'est plus la sagesse & l'intérêt public qui président aux conseils, c'est l'intérêt des passions, &c. (*pag.* 64 *&* 65.)

X V.

Les Princes, SIRE, sont.... intéressés à protéger la vertu, puisque les Empires & les Monarchies, & le Monde entier ne subsistera, que tant qu'il y aura de la vertu sur la terre. (*pag.* 77.)

X V I.

Mais ce n'est pas, SIRE, par un simple respect, que les Princes doivent honnorer les gens de bien : c'est par la confiance; ils ne trouveront d'amis fidéles, que ceux qui sont fidéles à Dieu : c'est par les emplois publics; l'autorité n'est sûre & bien placée qu'entre les mains de ceux qui le craignent : c'est par des préférences; les grands talens sont quelquefois les plus dangereux, si la crainte de Dieu ne sçait les rendre utiles : c'est par l'accès auprès de leur personne ; la familiarité n'a rien à craindre de ceux qui respecteroient même nos rebuts & nos mauvais traitemens : c'est enfin par les graces ; nos bienfaits ne sçauroient faire des ingrats, de ceux que le devoir tout seul & la conscience nous attache. (*ibid.*)

XVII.

Le Bonheur, SIRE, n'est pas attaché à l'éclat du rang & des titres ; il n'est attaché qu'à l'innocence de la vie : ce n'est pas ce qui nous éleve au-dessus des autres hommes, qui nous rend heureux, c'est ce qui nous réconcilie avec Dieu. Vous portez la plus belle Couronne de l'univers ; mais si la piété ne vous aide à la soutenir, elle va devenir le fardeau même qui vous accablera. En un mot, point de bonheur où il n'y a point de repos ; & point de repos où Dieu n'est point. (*pag.* 87.)

XVIII.

Plus on s'éleve, plus (la félicité)

ſemble s'éloigner de nous : les chagrins & les noirs ſoucis montent, & vont s'aſſeoir même avec le Souverain ſur le Thrône : le Diadême qui orne le front auguſte des Rois, n'eſt ſouvent armé que de pointes & d'épines qui le déchirent ; & les Grands, loin d'être les plus heureux, ne ſont que les triſtes témoins qu'on ne peut l'être ſans la vertu ſur la terre. *(pag. 90.)*

XIX.

UN GRAND voluptueux eſt plus malheureux & plus à plaindre que le dernier & le plus vil d'entre le Peuple : tout lui aide à aſſouvir ſon injuſte paſſion, & tout ce qui l'aſſouvit la réveille : ſes déſirs croiſſent avec ſes crimes ; plus il ſe livre à ſes panchans, plus il en devient le jouet & l'eſclave : ſa proſpérité rallume ſans ceſſe le feu honteux qui le dévore, & le fait renaître de ſes propres cendres : les ſens devenus ſes maîtres, deviennent ſes tyrans : il ſe raſſaſie de plaiſirs, & ſa ſatiété fait elle-même ſon ſupplice ; & les plaiſirs enfantent eux-mêmes, dit l'Eſprit de Dieu, le ver qui le ronge & qui le dévore : & *dulcedo illius vermis.* Ainsi ses inquiétudes naissent de son abondance : ses desirs toujours satisfaits, ne lui laissant plus rien à desirer, le laissent tristement avec lui-même : l'excès de ses plaisirs en augmente de jour en jour le vuide ; & plus il en goûte, plus ils deviennent tristes & amers. (*pag.* 91.)

X X.

SIRE, le Thrône où vous êtes assis, a autour de lui encore plus de ramparts qui le défendent contre la volupté, que d'attraits qui l'y engagent : si tout dresse des piéges à la jeunesse des Rois, tout leur tend les mains aussi pour leur aider à les éviter. Donnez-vous à vos Peuples, à qui vous vous devez ; le poison de la volupté ne trouvera guères de moment pour infecter votre cœur : elle n'habite & ne se plaît qu'avec l'oisiveté & l'indolence ; que les soins de la Royauté en deviennent pour vous les plus chers plaisirs. (*pag.* 92.)

X X I.

Ce n'est pas régner de ne vivre que pour

pour soi-même ; les Rois ne sont que les Conducteurs des Peuples : ils ont à la vérité ce nom & ce droit par la naissance ; mais ils ne le méritent que par les soins & l'application. (*pag.* 92 & 93.)

XXII.

Les Grands seroient inutiles sur la terre, s'il ne s'y trouvoit des pauvres & des malheureux : ils ne doivent leur élévation qu'aux besoins publics ; & loin que les Peuples soient faits pour eux, ils ne sont eux-mêmes tout ce qu'ils sont, que pour les Peuples. (*pag.* 114.)

XXIII.

Les plus grands Hommes, SIRE, & les plus grands Rois ont toujours été les plus affables. Une simple femme Thécuite venoit exposer simplement à David ses chagrins domestiques ; & si l'éclat du Thrône étoit tempéré par l'affabilité du Souverain, l'affabilité du Souverain relevoit l'éclat & la Majesté du Thrône. (*pag.* 119.)

XXIV.

Nos Rois, SIRE, ne perdent

rien à ſe rendre acceſſibles : l'amour des Peuples leur répond du reſpect qui leur eſt dû. Le Thrône n'eſt élevé que pour être l'azile de ceux qui viennent implorer votre juſtice ou votre clémence : plus vous en rendez l'accès facile à vos Sujets, plus vous en augmentez l'éclat & la Majeſté. (*ibid.*)

X X V.

Ces Princes inviſibles & efféminés. . . . dont la ſeule préſence glace le ſang dans les veines des Supplians, n'étoient plus, vûs de près, que de foibles Idoles, ſans ame, ſans vie, ſans courage, ſans vertu ; livrés dans le fond de leurs Palais à de vils Eſclaves ; ſéparés de tout commerce, comme s'ils n'avoient pas été dignes de ſe montrer aux hommes, ou que des hommes faits comme eux n'euſſent pas été dignes de les voir : l'obſcurité & la ſolitude en faiſoient toute la Majeſté. (*pag.* 120.)

X X V I.

C'est. . . . aux Grands à remettre le Peuple ſous la protection des loix : la

Veuve, l'Orphelin, tous ceux qu'on foule & qu'on opprime ont un droit acquis à leur crédit & à leur puissance; elle ne leur est donnée que pour eux : c'est à eux à porter aux pieds du Thrône les plaintes & les gémissemens de l'opprimé : ils sont comme le canal de communication, & le lien des Peuples avec le Souverain; puisque le Souverain n'est lui-même que le Père & le Pasteur des Peuples. Ainsi ce sont les Peuples tout seuls, qui donnent aux Grands le droit qu'ils ont d'approcher du Thrône; & c'est pour les Peuples tout seuls, que le Thrône lui-même est élevé : en un mot, & les Grands & le Prince, ne sont, pour ainsi dire, que les hommes du Peuple. (*pag.* 125 *&* 126.)

XXVII.

Mais si loin d'être les protecteurs de sa foiblesse, les Grands & les Ministres des Rois, en sont eux-mêmes les oppresseurs; s'ils ne sont plus que comme ces Tuteurs barbares, qui dépouillent eux-mêmes leurs pupilles : grand Dieu! les clameurs du pauvre & de l'opprimé monteront devant vous : vous maudirez ces races cruelles ; vous lancerez vos foudres ſur les Géants ; vous renverſerez tout cet édifice d'orgueil, d'injuſtice & de proſpérité, qui s'étoit élevé ſur les débris de tant de malheureux ; & leur proſpérité ſera enſevelie ſous ſes ruines. *(pæg. 126.)*

XXVIII.

Et qu'a la Majeſté du Thrône elle-même, SIRE, de plus délicieux, que le pouvoir de faire des graces ? Que ſeroit la puiſſance des Rois, s'ils ſe condamnoient à en jouir tout ſeuls ? Une triſte ſolitude, l'horreur des Sujets & le ſupplice du Souverain. C'eſt l'uſage de l'autorité qui en fait le plus doux plaiſir ; & le plus doux uſage de l'autorité, c'eſt la clémence & la liberalité qui la rendent aimable. *(pag. 132 & 133.)*

XXIX.

Vous ne ſerez grand (SIRE) qu'autant que vous ſerez cher (à vos Sujets) : l'amour des Peuples a toujours été la gloire la plus réelle & la moins équivoque des Souverains ; & les Peuples n'aiment gueres dans les Souverains que les vertus qui rendent leur regne heureux. (*pag.* 133 & 134.)

X X X.

Est-il pour les Princes une gloire plus pure & plus touchante que celle de regner ſur les cœurs ? . . . La gloire, SIRE, d'être cher à ſon Peuple, & de le rendre heureux, n'eſt environnée que de la joye & de l'abondance. . . . Elle s'éleve dans le cœur de chaque Sujet un monument plus durable que l'airain & le bronze ; parce que l'amour dont il eſt l'ouvrage, eſt plus fort que la mort. (*pag.* 134.)

X X X I.

Et quelle félicité pour le Souverain, de regarder ſon Royaume comme ſa famille ; ſes Sujets comme ſes enfans : de compter que leurs cœurs ſont encore plus à lui que leurs biens & leurs perſonnes ; & de voir, pour ainſi dire, ratifier chaque jour le premier choix de la Nation qui éleva ſes ancêtres ſur le Thrône ! (*pag.* 135.)

XXXII.

La liberté, SIRE, que les Princes doivent à leurs Peuples, c'eſt la liberté des loix. Vous êtes le maître de la vie & de la fortune de vos Sujets ; mais vous ne pouvez en diſpoſer que ſelon les loix : vous ne connoiſſez que Dieu ſeul au-deſſus de vous, il eſt vrai ; mais les loix doivent avoir plus d'autorité que vous-même : vous ne commandez pas à des Eſclaves, vous commandez à une Nation libre & belliqueuſe, auſſi jalouſe de ſa liberté que de ſa fidélité ; & dont la ſoumiſſion eſt d'autant plus ſûre qu'elle eſt fondée ſur l'amour qu'elle a pour ſes maîtres. Ses Rois peuvent tout ſur elle, parce que ſa tendreſſe & ſa fidélité ne mettent point de bornes à ſon obéiſſance, mais il faut que ſes Rois en mettent eux-mêmes à leur autorité ; & que plus ſon amour ne connoît point d'autre loi qu'une ſoumiſſion aveugle, plus ſes Rois n'exigent de ſa ſoumiſſion que ce que les loix leur permettent d'en exiger : autrement ils ne ſont plus les Pères & les Protecteurs de leurs Peuples, ils en ſont les Ennemis & les Oppreſſeurs, ils ne regnent pas ſur leurs Sujets, ils les ſubjuguent. (*pag.* 148 *&* 149.)

XXXIII.

Ce n'est donc pas le Souverain, c'eſt la loi, SIRE, qui doit regner ſur les Peuples. Vous n'en êtes que le Miniſtre & le premier dépoſitaire : c'eſt elle qui doit régler l'uſage de l'autorité ; & c'eſt par elle que l'autorité n'eſt plus un joug pour les Sujets, mais une régle qui les conduit ; un ſecours qui les protége ; une vigilance paternelle, qui ne s'aſſure leur ſoumiſſion, que parce qu'elle s'aſſure leur tendreſſe. Les hommes croyent être libres quand ils ne ſont gouvernés que par les loix : leur ſoumiſſion fait alors tout leur bonheur, parce qu'elle fait toute leur tranquillité & toute leur confiance : les paſſions, les volontés injuſtes, les deſirs exceſſifs & ambitieux que les Princes mêlent à l'uſage de l'autorité, loin de l'étendre, l'affoibliſſent. Ils deviennent moins puiſſans dès qu'ils veulent l'être plus que les loix : ils perdent en croyant gagner : tout ce qui rend l'autorité injuste & odieuse, l'énerve & la diminue : la source de leur puissance est dans le cœur de leurs Sujets ; & quelque absolus qu'ils paroissent, on peut dire qu'ils perdent leur véritable pouvoir, dès qu'ils perdent l'amour de ceux qui les servent. (*pag.* 150 & 151.)

XXXIV.

SIRE, un Prince qui n'a cherché sa gloire que dans le bonheur de ses Sujets ; . . . qui ne s'est regardé que comme l'homme de ses Peuples ; qui a crû que ses trésors les plus précieux étoient les cœurs de ses Sujets : un Prince qui par la sagesse de ses loix & de ses exemples a banni les désordres de son Etat, corrigé les abus, conservé la bienséance des mœurs publiques, maintenu chacun à sa place ; . . . qui a regardé ses Sujets comme ses enfans, son Royaume comme sa famille, & qui n'a usé de sa puissance que pour la félicité de ceux qui la lui avoient confiée : un Prince de ce caractère sera toujours grand, parce qu'il est dans le cœur des Peuples.

Les

Les pères raconteront à leurs enfans le bonheur qu'ils eurent de vivre sous un si bon Maître ; ceux-ci le rediront à leurs neveux ; & dans chaque famille, ce souvenir conservé d'âge en âge, deviendra comme un monument domestique élevé dans l'enceinte des murs paternels, qui perpétuera la mémoire d'un si bon Roi dans tous les siécles. (*pag.* 153, 154 *&* 155.)

X X X V.

Il faut, SIRE, que la vie d'un grand Roi puisse être proposée comme une régle à ses Successeurs ; & que son regne devienne le modele de tous les regnes à venir : c'est par-là qu'il sera, si je l'ose dire, éternel comme le regne de Jesus-Christ.... Aimez vos Peuples, SIRE, & que ces mêmes paroles, si souvent portées à vos oreilles, trouvent toujours un accès favorable dans votre cœur. Soyez tendre, humain, affable, touché de leurs miséres, compatissant à leurs besoins, & vous serez un grand Roi ; & la durée de votre regne égalera celle de la Monarchie. Dieu vous a établi sur une Nation qui aime ses

Princes, & qui par cela seul mérite d'en être aimée. Dans un Royaume où les Peuples naissent, pour ainsi dire, bons Sujets, il faut que les Souverains en naissant, naissent de bons Maîtres. (*pag.* 158 *&* 160.)

XXXVI.

La grandeur (des Rois) est toute dans l'amour de leurs Peuples : ce sont eux qui perpétuent de siécle en siécle la mémoire des bons Princes. Et quelle gloire en effet pour un Roi, de regner encore après sa mort sur les cœurs de ses Sujets ! D'être sûr que dans tous les temps à venir, les Peuples, ou regrèteront de n'avoir pas vécû sous son regne, ou se féliciteront d'avoir un Roi qui lui ressemble ! Quelle gloire, SIRE, de faire dire de soi dans toute la suite des siécles, comme la Reine de Saba le disoit de Salomon : Heureux ceux qui le virent, & qui vécurent sous la douceur de ses Loix & de son Empire ! Heureux l'âge qui montra à la terre un si bon Maître ! Heureuses les Villes & les Campagnes, qui virent revivre sous son regne l'abondance, la paix, la joie, la juſtice, l'innocence des âges les plus fortunés! Heureuſe la Nation que le Ciel favoriſera un jour d'un Prince qui lui ſoit ſemblable. (*pag.* 161.)

XXXVII.

IL N'EST point de Prince ni de Grand, malgré la baſſeſſe, & le déréglement de ſes mœurs & de ſes panchans, à qui de vaines adulations ne promettent la gloire & l'immortalité; & qui ne compte ſur les ſuffrages de la poſtérité, où ſon nom même ne paſſera peut-être pas, & où du moins il ne ſera connu que par ſes vices. Il eſt vrai que le monde qui avoit élevé ces Idoles de boue, les renverſe lui-même le lendemain; & qu'il ſe venge à loiſir dans les âges ſuivans par la liberté de ſes cenſures, de la contrainte & de l'injuſtice de ſes éloges. (*pag.* 166 *&* 167)

XXXVIII.

SIRE, il n'y a de grand dans les hommes que ce qui vient de Dieu: la droiture du cœur, la vérité, l'innocence & la régle des mœurs, l'empire sur ses passions ; voilà la véritable grandeur, & la seule gloire réelle que personne ne peut nous disputer : tout ce que les hommes ne trouvent que dans eux-mêmes, est sali, pour ainsi dire, par la même boue dont ils sont formés : le Sage tout seul, dit un grand Roi, est en possession de la véritable gloire ; celle du pécheur n'est qu'un opprobre & une ignominie. (*pag.* 184.)

XXXIX.

SIRE, un Grand, un Prince n'est pas né pour lui seul ; il se doit à ses Sujets : les Peuples, en l'élevant, lui ont confié la puissance & l'autorité, & se sont réservés en échange ses soins, son tems, sa vigilance : ce n'est pas une idole qu'ils ont voulu se faire pour l'adorer ; c'est un surveillant qu'ils ont mis à leur tête pour les protéger & pour les défendre : ce n'est pas de ces Divinités inutiles qui ont des yeux, & ne voyent point ; une langue, & ne parlent point ; des mains, & n'agissent point : ce sont de ces Dieux qui les précédent, comme parle l'Ecriture, pour les conduire & les défendre :

ce sont les Peuples, qui par l'ordre de Dieu, les ont fait tout ce qu'ils sont ; c'est à eux à n'être ce qu'ils sont que pour les Peuples. Oui, SIRE, c'est le choix de la Nation, qui mit d'abord le Sceptre entre les mains de vos Ancêtres : c'est elle qui les éleva sur le Bouclier Militaire & les proclama Souverains : le Royaume devint ensuite l'héritage de leurs Successeurs ; mais ils le dûrent originairement au consentement libre des Sujets : leur naissance seule les mit ensuite en possession du Thrône ; mais ce furent les suffrages publics qui attachérent d'abord ce droit & cette prérogative à leur naissance : en un mot, comme la premiére source de leur autorité vient de nous, les Rois n'en doivent faire usage que pour nous. Les flatteurs, SIRE, vous rediront sans cesse que vous êtes le maître, & que vous n'êtes comptable à personne de vos actions : il est vrai que personne n'est en droit de vous en demander compte ; mais vous vous le devez à vous-même, &, si je l'ose dire, vous le devez à la France qui vous attend, & à toute l'Europe qui vous regarde : vous êtes le maître de vos Sujets ; mais vous n'en aurez que le titre, si vous n'en avez pas les vertus : tout vous est permis ; mais cette licence est l'écueil de l'autorité, loin d'en être le privilége : vous pouvez négliger les soins de la Royauté ; mais comme ces Rois fainéans, si deshonorés dans nos histoires, vous n'aurez plus qu'un vain nom de Roi, dès que vous n'en remplirez pas les fonctions augustes. (*pag.* 192, 193 & 194.)

X L.

SIRE, un Prince établi pour gouverner les hommes, doit connoître les hommes : le choix des Sujets est la première source du bonheur public ; & pour les choisir, il faut les connoître. Nul n'est à sa place dans un Etat où le Prince ne juge pas par lui-même : le mérite est négligé parcequ'il est, ou trop modeste pour s'empresser, ou trop noble pour devoir son élevation à des sollicitations & à des bassesses : l'intrigue supplante les plus grands talens ; des hommes souples & bornés s'élevent aux premières places ; & les meilleurs Sujets demeurent inutiles. Souvent un David, seul capable de sauver l'Etat, n'employe sa valeur dans l'oisiveté des champs, que contre des animaux sauvages; tandis que des Chefs timides, effrayés de la seule présence de Goliath, sont à la tête des armées du Seigneur. Souvent un *Mardochée*, dont la fidélité est même écrite dans les monumens publics, qui par sa vigilance a découvert autrefois des complots funestes au Souverain & à l'Empire, seul en état par sa probité & par son expérience, de donner de bons conseils & d'être appellé aux premières places, rampe à la porte du Palais; tandis qu'un orgueilleux *Aman* est à la tête de tout, & abuse de son autorité & de la confiance du maître. (*pag.* 195 & 196.)

XLI.

Quel Regne, SIRE, plus glorieux en Israel que celui de Salomon, tandis qu'il demeura fidéle à la Loi de ses Pères? Quel gouvernement plus sage & plus absolu? Tous les rafinemens de la politique ont-ils jamais poussé si loin l'art de regner & de conduire les Peuples? Quelle gloire & quelle magnificence environnoit son Thrône? .... Quel Prince vit jamais ses Sujets plus soumis; ses voisins s'estimer plus heureux de ſon alliance; & des Souverains à la tête des Empires plus vaſtes & plus puiſſans que le ſien, avoir pour ſa perſonne des égards & des déférences, qu'ils ne devoient pas à ſa Couronne ? . . . . . . Heureux s'il ne fût pas ſorti de ſes premières voyes ; & ſi les égaremens de ſa vieilleſſe n'euſſent pas flétri la gloire de ſon regne, & altéré le bonheur de ſes Sujets ! Ils ne commencérent à éprouver des charges exceſſives, & ne ceſſérent d'être heureux, que lorſqu'il ceſſa lui-même d'être fidéle à Dieu ; & que corrompu par les femmes étrangères, il ne mit plus de bornes à ſes profuſions & à l'oppreſſion de ſes Peuples, & prépara à ſon fils le ſoulevement qui ſépara dix Tribus du Royaume de David, & leur donna un nouveau maître. (*pag.* 206, 207 & 208.)

XLII.

Il n'est pas honteux (aux Princes) d'avoir pû être ſurpris : hélas ! Comment pourroient-ils s'en défendre ? Tout ce qui les environne preſque s'étudie à les tromper ; eſt-il étonnant que l'attention ſe relâche quelquefois, & qu'ils puiſſent ſe laiſſer ſéduire ? . .

... Mais, SIRE, s'il n'est pas honteux aux Princes d'être surpris, malheur inévitable à l'autorité suprême, il leur est glorieux d'avouer qu'ils ont pû l'être : rien n'est plus grand dans le Souverain, que de vouloir être *détrompé*, & d'avoir la force de convenir soi-même de sa méprise. *Assuérus* ne crut pas déroger à la Majesté de l'Empire, en déclarant, même par un *Edit* public, que sa bonne foi avoit été surprise par les artifices d'*Aman* : *c'est un mauvais orgueil de croire qu'on ne peut avoir tort ; c'est une foiblesse de n'oser reculer, quand on sent qu'on nous a fait faire une fausse démarche : les variations qui nous ramènent au vrai, affermissent l'autorité, loin de l'affoiblir : ce n'est pas se démentir, que de revenir de sa méprise : ce n'est pas montrer au Peuple l'inconstance du gouvernement ; c'est leur en étaler l'équité & la droiture. Les Peuples savent assez & voyent assez souvent, que les Souverains peuvent se tromper ; mais ils voyent rarement qu'ils sachent se désabuser & convenir de leur méprise : il ne faut pas craindre qu'ils respectent moins la puissance, qui avoue son tort & qui se condamne elle-même : leur respect ne s'affoiblit qu'envers celle, ou qui ne le connoit pas, ou qui le justifie; & dans leur esprit rien ne deshonore l'autorité que la foiblesse qui se laisse surprendre, & la mauvaise gloire qui croiroit s'avilir, en convenant de son erreur & de sa surprise.* (pag. 213, 214 & 215.)

XLIII.

SIRE, fermez l'oreille aux mauvais conseils & aux insinuations dangereuses de l'adulation.... Mais comme ... tôt ou tard elles trouvent accès auprès du Thrône; si l'inattention vous les a fait suivre; que l'intérêt seul de votre gloire, quand vous serez détrompé, vous les fasse à l'instant désavouer. Il est encore plus glorieux d'avouer sa surprise, que de n'avoir pas été surpris: rien n'est plus beau dans le Souverain, qui ne dépend de personne, de vouloir toujours dépendre de la vérité: on craindra de vous imposer, quand l'imposture & l'adulation démasquée n'aura plus à attendre que votre désaveu & votre colére: c'est l'orgueil des Rois tout seul, qui autorise & enhardit les adulations & les mauvais conseils: & s'il est vrai que ce sont d'ordinaire les Adulateurs, qui font les mauvais Rois, il est encore plus vrai, que ce sont les mauvais Rois, qui forment & multiplient les Adulateurs. (*pag.* 215 & 216.)

XLIV.

Le Monde ne manque jamais de ces hommes vendus à l'iniquité, dont l'unique emploi est de noircir auprès des Grands, ceux qui ont le malheur de leur déplaire, ou qui plaisent trop pour être de leur goût ; & ces hommes corrompus, & qu'on devroit bannir de la société, ne manquent jamais de trouver des Grands qui les écoutent & qui les protégent. On érige en mérite le zéle qu'ils étalent pour nos intérêts, & on leur fait une vertu d'un ministère infame, dont on rougit tout bas soi-même : Doeg l'Iduméen devient cher à Saül, dès qu'il devient le Ministre de sa jalousie & de sa haine contre David. (*pag.* 227.)

XLV.

On n'est pas digne de soutenir la justice & la vérité, quand on peut aimer quelque chose plus qu'elle : une démarche opposée à l'honneur & à la conscience, est bien plus à craindre pour une ame noble que la colére de César. Mais d'ailleurs, SIRE, c'est servir la gloire du Prince, que de ne pas servir à ses passions : *il est beau d'oser s'exposer à son indignation, plutôt que de manquer à la fidélité qu'on lui a jurée, & si les Princes, comme vous, peuvent compter sur un ami fidéle, il faut qu'ils le cherchent parmis ceux qui les ont assez aimés pour avoir eu le courage d'oser quelquefois leur déplaire :* plus ceux qui leur applaudissent sans cesse, sont nombreux ; plus *l'homme vertueux*, qui ne se joint point aux adulations publiques, *doit leur être respectable.* (pag. 234.)

XLVI.

LES EMPIRES ne peuvent se soutenir que par l'équité des mêmes Loix qui les ont formés ; & l'injustice à bien pû détrôner des Souverains, mais elle n'a jamais affermi les Thrônes : les Ministres qui ont *outré* la puissance des Rois, l'ont toujours *affoiblie* : ils n'ont élevé leur maître que sur la ruine de leurs Etats ; & leur zéle n'a été utile aux Césars, qu'autant qu'il a respecté les loix de l'Empire. (*pag.* 236.)

XLVII.

(Jesus-Christ) SIRE, est le grand modéle des Rois. Du haut de sa Croix il instruit les Grands & les Princes de la terre : regardez, leur dit-il, & faites selon ce modéle : j'ai quitté mon Royaume, & je suis descendu de ma gloire pour sauver mes Sujets ; vous n'êtes Rois que pour eux, & leur bonheur doit être l'unique objet de tous les soins attachés à votre Couronne. Oüi, SIRE, c'est un Roi qui donne sa vie pour son Peuple ; & il ne vous demande que votre amour pour le vôtre...... C'est un Roi qui fait de la Croix son Thrône, & le lieu de ses douleurs & de ses souffrances ; regardez le vôtre, comme un lieu de soins & de travail, & non comme le Siége de la volupté & de la mollesse : c'est un Roi qui ne veut regner que sur les cœurs ; l'usage le plus glorieux de votre autorité, c'est celui qui vous assurera l'amour de vos Peuples : c'est un Roi qui vient apporter la paix, la vérité, la justice aux hommes, & qui ne veut que les rendre heureux ; SIRE, regnez pour notre bonheur,

& vous regnerez pour le vôtre. (*pag. 246 & 247.*)

XLVIII.

SIRE, un Prince qui craint Dieu & qui gouverne ſagement ſes Peuples, n'a plus rien à craindre des hommes... ... Sa modération ſera le plus ſûr rampart de ſon Empire : il n'aura pas beſoin de Garde qui veille à la porte de ſon Palais ; les cœurs de ſes Sujets entoureront ſon Thrône & brilleront autour, à la place des glaives qui le défendent : ſon autorité lui ſera inutile pour ſe faire obéir ; les ordres les plus ſûrement accomplis ſont ceux que l'amour exécute ; & la ſoumiſſion ſera ſans murmure, parcequ'elle ſera ſans contrainte : toute ſa puiſſance l'auroit rendu à peine maître de ſes Peuples ; par la vertu il deviendra l'arbitre même des Souverains. (*pag. 254 & 255.*)

XLIX.

UN PRINCE maître de ſes paſſions ; apprénant ſur lui-même à commander aux autres ; ne voulant goûter de l'autorité, que les ſoins & les peines que le devoir y attache, plus touché de ſes fautes que des vaines louanges qui les lui déguisent en vertus ; regardant comme l'unique privilége de son rang, l'exemple qu'il est obligé de donner aux Peuples ; n'ayant point d'autre frein ni d'autre régle que ses désirs, & faisant pourtant à tous ses désirs un frein de la régle même ; voyant autour de lui tous les hommes prêts à servir à ses passions, & ne se croyant fait lui-même que pour servir à leurs besoins ; pouvant abuser de tout, & se refusant même ce qu'il auroit eu droit de se permettre : en un mot, entouré de tous les attraits du vice, & ne leur montrant jamais que la vertu ; un Prince de ce caractère est le plus grand Spectacle que la foi puisse donner à la terre : une seule de ses journées compte plus d'actions glorieuses que la longue carrière d'un Conquérant ; l'un a été le Héros d'un jour, l'autre l'est de toute la vie. (*pag.* 267.)

L.

Grand Dieu ! Que le compte des Riches & des Puissans sera un jour terrible, puisque, outre leurs passions infinies, ils se trouveront encore coupables devant vous des désordres publics, de la dépravation des mœurs, de la corruption de leur siécle ; & que les péchés des Peuples deviendront leurs crimes propres. (*pag.* 288.)

MAXI-

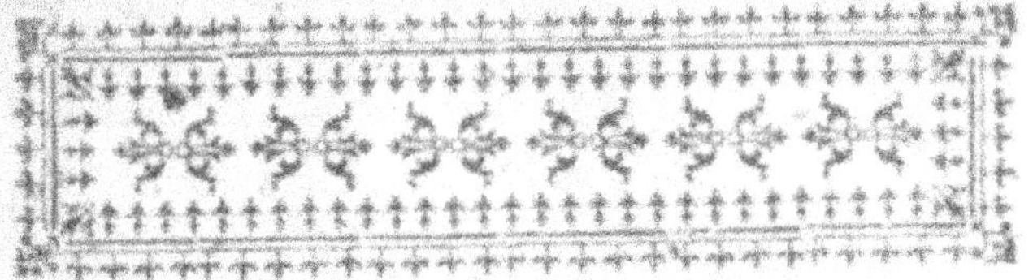

MAXIMES
SUR
LE DEVOIR DES ROIS,
ET
LE BON USAGE
DE LEUR AUTORITÉ;

Tirées de l'Extrait d'un Sermon de l'Evêque de Sarlat, prêché devant Louis XIV, en 1646.

LEs Rois ne voyent ni n'entendent que par les yeux & les oreilles d'autrui, parcequ'ils s'adonnent trop à leurs plaisirs; d'où il arrive que tous ceux qui s'approchent de leurs personnes, sans en excepter un seul, étant ou flatteurs

D

ou médiſans, ou d'une prudence intéreſſée, ils ne ſavent jamais la vérité ni le véritable état de leurs affaires. *Hiſt. de Louis XIV, par Larrey, premier vol. pag.* 195.

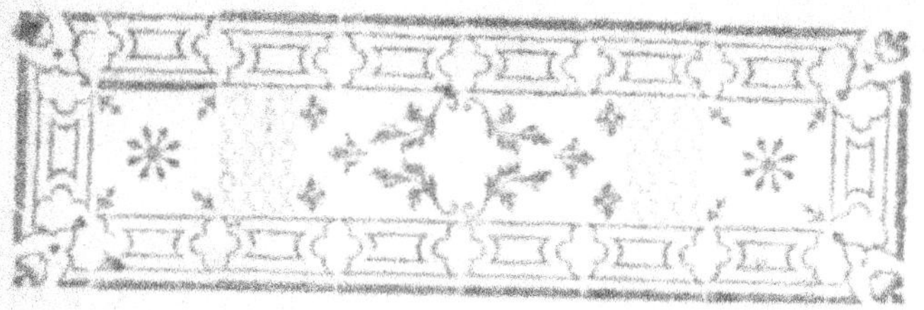

MAXIMES

SUR

LE DEVOIR DES ROIS ;

ET

LE BON USAGE

DE LEUR AUTORITÉ ;

Tirées de la Politique de M. Bossuet, Evêque de Meaux, Précepteur de Monseigneur le Dauphin.

I.

C'EST principalement des Loix fondamentales qu'il est écrit : qu'en les violant, on ébranle tous les fondemens de la terre : après quoi il ne reste plus que la chûte des Empires. (*Liv. premier pag. 310 de la dernière édition.*)

II.

En général, les Loix ne sont pas Loix, si elles n'ont quelque chose d'inviolable. Pour marquer leur solidité & leur fermeté, Moyse ordonne : » qu'elles soient toutes écrites nette-
Deut. 27. 8. » ment & visiblement sur des pierres.
« Josué accomplit ce commandement. » (*ibid.*)

III.

Les autres Peuples civilisés conviennent de cette maxime. « Qu'il soit » fait un Edit, & qu'il soit écrit selon » la Loi inviolable des Perses & des
Esther 1. 19. » Médes : » disent à Assuérus les Sages
de son Conseil qui étoient toujours près de sa personne. « Ces Sages savoient » les Loix & le droit des Anciens. » Cet attachement aux Loix & aux anciennes Maximes affermit la société & rend les Etats immortels. (*Ibidem.*)

IV.

La puissance des Rois venant d'enhaut, ils ne doivent pas croire qu'ils en soient les maîtres pour en user à leur

gré ; mais ils doivent s'en ſervir avec
crainte & retenue, comme d'une choſe
qui leur vient de Dieu, & dont Dieu
leur demandera compte. « Ecoutez, ô
» Rois, & comprénez : apprénez Juges
» de la terre, prêtez l'oreille, ô vous Sap. 6. 2.
» qui tenez les Peuples ſous votre Em- 3. &c.
» pire, & vous plaiſez à voir la mul-
» titude qui vous environne : c'eſt
» Dieu qui vous a donné la puiſſance :
» votre force vient du Très-Haut, qui
» interrogera vos œuvres, & pénétrera
» le fond de vos penſées. Parcequ'étant
» les Miniſtres de ſon Royaume, vous
» n'avez pas bien jugé, & n'avez pas
» marché ſelon ſes volontés. Il vous
» paroîtra bien-tôt d'une manière ter-
» rible ; car à ceux qui commandent
» eſt réſervé le châtiment le plus dur.
» On aura pitié des petits & des foi-
» bles ; mais les Puiſſans ſeront puiſ-
» ſamment tourmentés ; car Dieu ne
» redoute la puiſſance de perſonne,
» parcequ'il a fait les grands & les pe-
» tits, & qu'il a ſoin également des
» uns & des autres, & les plus forts
» ſeront tourmentés plus fortement.
» Je vous le dis, ô Rois, afin que vous
» ſoyez ſages, & que vous ne tombiez
» pas. » (*liv. III. pag.* 341 & 342.)

V.

Les Rois doivent donc trembler, en se servant de la puissance que Dieu leur donne, & songer combien horrible est le sacrilége d'employer au mal une puissance qui vient de Dieu. (*ibid.*)

VI.

Nous avons vu les Rois assis dans le Thrône du Seigneur, ayant en main l'épée que lui-même leur a mis en main. Quelle profanation & quelle audace aux Rois injustes, de s'asseoir dans le Thrône de Dieu pour donner des arrêts contre ses Loix, & d'employer l'épée qu'il leur met en main, à faire des violences, & à égorger ses enfans. (*ibid.*)

VII.

Qu'ils respectent donc leur puissance; parceque ce n'est pas leur puissance, mais la puissance de Dieu, dont il faut user saintement & réligieusement. S. Gregoire de Naziance, parle ainsi aux Empereurs. « Respectez votre pour-» pre : reconnoissez le grand mystère

» de Dieu dans vos perſonnes : il gou-
» verne par lui-même les choſes Céleſ-
» tes ; il partage celles de la terre avec
» vous. Soyez donc des Dieux à vos
» Sujets, » c'eſt-à-dire, gouvernez les comme Dieu gouverne, d'une manière noble, déſintéreſſée, bienfaiſante, en un mot divine. (*ibid.*)

VIII.

Dieu qui a formé tous les hommes d'une même terre pour le corps, & a mis également dans leurs ames ſon image & ſa reſſemblance, n'a pas établi entr'eux tant de diſtinctions, pour faire d'un côté des orgueilleux, & de l'autre des eſclaves & des miſérables. Il n'a fait des grands, que pour protéger les petits ; il n'a donné ſa puiſſance aux Rois, que pour procurer le bien public, & pour être le ſupport des Peuples. (*pag.* 344.)

IX.

Puissent les Princes entendre, que leur vraye gloire eſt de n'être pas pour eux-mêmes ; & que le bien public qu'ils procurent, leur eſt une aſſez digne récompense sur la terre, en attendant les biens éternels que Dieu leur reserve. (*pag. 345.*)

X.

C'EST un droit Royal de pourvoir aux besoins du Peuple.... C'est pourquoi dans les grands besoins, le Peuple a droit d'avoir recours à son Prince. « Dans » une extrême famine, toute l'Egypte » vient crier autour du Roi, lui de-
Gen 41. 55. » mandant du pain. » Les Peuples affamés demandent du pain à leur Roi, comme à leur Pasteur, ou plutôt comme à leur Père, & la prévoyance de Joseph l'avoit mis en état d'y pourvoir. (*ibid.*)

XI.

VOICI sur ces obligations du Prince une belle sentence du Sage. « Vous ont-» ils fait Prince ou Gouverneur? Soyez
Eccl. 32. 1. 2. » parmi eux comme l'un d'eux: ayez » soin d'eux & prénez courage, & re-» posez-vous après avoir pourvu à » tout. »

Cette sentence contient 2 Préceptes.

1. Précepte. « Soyez parmi eux com-» me l'un d'eux. » Ne soyez point orgueilleux: rendez-vous accessible & familier,

milier, ne vous croyez pas, comme on dit, d'un autre métal que vos Sujets : mettez-vous à leur place, & soyez leur tel que vous voudriez qu'ils vous fussent, s'ils étoient à la vôtre.

II. Précepte. « Ayez soin d'eux & » reposez-vous après avoir pourvû à tout. » Le répos alors vous est permis : le Prince est un personnage public, qui doit croire que quelque chose lui manque à lui même, quand quelque chose manque au Peuple & à l'Etat. (*pag.* 346.)

X I I.

Le Saint Esprit maudit les Princes ne songent qu'à eux-mêmes, par ces terribles paroles : « voici ce que dit le » Seigneur ; malheur aux Pasteurs d'I- » srael qui se paissent eux-mêmes. Les » troupeaux ne doivent-ils pas être » nourris par les Pasteurs ? Vous man- » giez le lait de mes brébis, & vous » vous couvriez de leurs laines, & » vous tuiez ce qu'il y avoit de plus » gras dans le troupeau ; & vous ne » le paissiez pas : vous n'avez pas forti- » fié ce qui étoit foible, ni guéri ce » qui étoit malade, ni remis ce qui » étoit rompu ; ni cherché ce qui étoit

Ezechiel 34.

» égaré, ni ramené ce qui étoit per-
» du : vous vous contentiez de leur par-
» ler durement & impérieusement : &
» mes brebis dispersées, parcequ'elles
» n'avoient pas de Pasteurs, ont été
» la proye des bêtes farouches ; elles
» ont erré dans toutes les montagnes
» & dans toutes les collines, & se sont
» répandues sur toute la face de la ter-
» re, & personne ne les recherchoit,
» dit le Seigneur. Pour cela, ô Pas-
» teur, (écoutez la parole du Seigneur.
» Je vis éternellement, dit le Seigneur,
» parceque mes brebis dispersées ont
» été en proye, faute d'avoir des Pas-
» teurs :) car mes Pasteurs ne cher-
» choient point mon troupeau ; ces
» Pasteurs se paissoient eux-mêmes &
» ne paissoient point mes brebis : &
» voici ce que dit le Seigneur : je re-
» chercherai mes brebis de la main de
» leurs Pasteurs, & je les chasserai afin
» qu'ils ne paissent plus mon troupeau,
» & ne se paissent plus eux-mêmes : &
» je délivrerai mon troupeau de leur
» bouche, & ils ne le dévoreront
» plus. » On voit ici 1°. que le caractère du mauvais Prince, est de se paî-
tre soi-même, & de ne songer pas
au troupeau. 2°. Que le S. Esprit lui

demande compte non-ſeulement du mal qu'il fait ; mais encore de celui qu'il ne guérit pas. 3°. Que tout le mal que les Raviſſeurs font à ſes Peuples, pendant qu'il les abandonne, & ne ſonge qu'à ſes plaiſirs, retombe ſur lui. (*pag.* 348.)

XIII.

SI LE PRINCE ne doit rien donner à ſes reſſentimens particuliers, à plus forte raiſon ne doit-il pas ſe laiſſer maîtriſer par ſon humeur ni par des averſions, ou des inclinations irrégulières : mais il doit agir toujours par raiſon. (*pag.* 352.)

XIV.

LE PRINCE ne doit être redoutable qu'aux méchans. . . . Il lui convient d'être bon, affable, indulgent, enſorte qu'on ſente à peine qu'il ſoit le maître. . . . Moyſe étoit le plus doux de tous les hommes, & par-là le plus digne de commander ſous un Dieu, qui eſt la bonté même. . . . . Il ne ſe laſſoit jamais d'écouter le Peuple, & il y paſſoit depuis le matin juſqu'au ſoir. . . .

David étoit tendre & bon. Nathan le prend par la pitié, & commence par cet endroit, comme par le plus sensible, à lui faire entendre son crime.
2, Reg. 12. » Un pauvre homme n'avoit, dit-il, » qu'une petite brebis; elle couchoit » en son sein, & il l'aimoit comme » sa fille, & un riche la lui a ravie & » tuée. » Toute la vie de ce Prince est pleine de bonté & de douceur. Ce n'est donc pas sans raison que nous lisons dans un Pseaume, qui apparemment est de Salomon : « ô Seigneur, sou» venez-vous de David & de toute sa » douceur. „ Ainsi parmi tant de belles qualités de David, son fils n'en trouve point de plus mémorable ni de plus agréable à Dieu, que sa grande douceur. Il n'y a rien aussi que les Peu-
3. Reg. 20, 31. ples célébrent tant. « Nous avons ouï » dire que les Rois de la maison d'Israel » sont doux & cléments. Les Syriens » parlent ainsi à leur Roi Benadad, » prisonnier d'un Roi d'Israel. Belle » réputation de ces Rois parmis les » Peuples étrangers, & qualité vrai» ment Royale! (*pag. 355. & 356.*)

X V.

Il y a un charme pour les Peuples

dans la vue du Prince ; & rien ne lui est plus aisé que de se faire aimer avec passion. « La vie est dans la gayété du » visage du Roi, & sa clémence est » comme la pluye du soir ou de l'ar- » riére saison » la pluye qui vient alors rafraîchit la terre desséchée par l'ardeur ou du jour ou de l'été, n'est pas plus agréable qu'un Prince, qui tempère son autorité par la douceur ; & son visage ravit tout le monde, quand il est serein. (*pag.* 357.)

Prov. 15. 16.

XVI.

Un Prince bienfaisant est adoré par son Peuple. « Tout le Pays fut en ré- » pos durant les jours de Simon : il » cherchoit le bien de sa Nation ; aussi » sa puissance & sa gloire faisoient le » plaisir de tout le Peuple. » Que la puissance est affermie quand elle est ainsi cherie par les Peuples ; & que Salomon à raison de dire : « La bonté & » la justice gardent le Roi ; & son » Thrône est affermi par la clémence. » Voilà une belle garde pour le Roi, & un digne soutien de son Thrône. (*pag.* 358.)

Prov. 25. 24.

Prov. 20. 28.

XVII.

Prov. 28. 15. « Le Prince impitoyable est un Lion
» rugissant, & un Ours affamé : » il
se peut assurer qu'il vit au milieu de
ses ennemis. Comme il n'aime personne, personne ne l'aime. « Il dit en
» son cœur, je suis & il n'y a que moi
» sur la terre : il lui viendra du mal
» sans qu'il sache de quel côté : il
Isaie 47. » tombera dans une misére inévitable ;
» la calamité viendra sur lui lorsqu'il
» y pensera le moins. (*Ibid.*)

XVIII.

Deut. 17. 16. » Quand vous vous serez établi un
» Roi, il ne lui sera pas permis de multiplier sans mesure ses chevaux & ses
» équipages ; ni d'avoir une si grande
» quantité de femmes, qui amollissent
» son courage ; ni d'entasser des sommes immenses d'or & d'argent ; &
» quand il sera assis dans son Thrône,
» il prendra soin d'écrire cette Loi,
» dont il recevra un exemplaire de la
» main des Prêtres de la Tribu de Lévi, & l'aura toujours en main, la
» lisant tous les jours de sa vie ; afin

» qu'il apprenne à craindre Dieu, & » à garder ses ordonnances & ses juge- » mens. Que son cœur ne s'enfle pas » au-dessus de ses freres, & qu'il mar- » che dans la Loi de Dieu, sans dé- » tourner à droite & à gauche, afin » qu'il regne long-tems lui & ses en- » fans. » Il faut remarquer que cette Loi ne comprenoit pas seulement la Réligion, mais encore la Loi du Royaume à laquelle le Prince étoit soumis autant que les autres, ou plus que les autres, par la droiture de sa volonté. C'est ce que les Princes ont peine à entendre. « Quel Prince me » trouverez-vous, dit S. Ambroise, *Amb. Liv. 2. Apol. David.* » qui croye que ce qui n'est pas bien » ne soit pas permis; qui se tienne » obligé à ses propres Loix : qui croye » que la puissance ne doive pas se per- » mettre ce qui est défendu par la jus- » tice ? Car la puissance ne détruit pas » les obligations de la justice; mais au » contraire, c'est en observant ce que » prescrit la justice, que la puissance » s'exempte de crime : & le Roi n'est » pas affranchi des Loix; mais s'il pé- » che, il détruit les Loix par son » exemple. Il ajoute : celui qui juge les » autres, peut-il éviter son propre

» jugement, & doit-il faire ce qu'il » comdamne ? » De-là cette belle Loi d'un Empereur Romain. « C'eſt une parole digne de la Majeſté du Prince, » de ſe reconnoître ſoumis aux Loix. » Les Rois ſont donc ſoumis, comme les autres, à l'équité des Loix, & parcequ'ils doivent être juſtes, & parcequ'ils doivent au Peuple l'exemple de garder la juſtice. (*Livre premier, pag.* 363 *&* 364.)

XIX.

La force du commandement pouſſée trop loin ; jamais plier, jamais condeſcendre, jamais ſe rélâcher, s'acharner à vouloir être obéi à quelque prix que ce ſoit, c'eſt un terrible fléau de Dieu ſur les Rois & ſur les Peuples. . . . Une fauſſe fermeté conſeillée à Roboam par de jeunes gens ſans expérience, lui fit perdre dix Tribus. . . . . Qui ne veut jamais plier, caſſe tout-à-coup. (*pag.* 374.)

XX.

Eccleſ. 10. 3. » Le Roi inſenſé perdra ſon Peu» ple : les Villes ſeront habitées par la » prudence de leurs Princes. » Voici les

fruits bienheureux du ſage gouvernement de Salomon. « Le Peuple de Ju- 3. Reg. 4. 20. 25.
» da & d'Iſraël étoit innombrable : ils
» buvoient, ils mangeoient & ils vi-
» voient à leur aiſe : & ils demeuroient
» ſans rien craindre chacun dans ſa
» vigne & ſous ſon figuier. L'or & l'ar-
» gent étoient communs en Jéruſalem
» comme les pierres : & les cédres naiſ-
» ſoient dans les vallées en auſſi grande
» quantité que les Sycomores. » Sous un Prince ſage tout abonde ; les hommes, les biens de la terre, l'or & l'argent. Le bon ordre amene tous les biens. (*Liv. 5. pag. 383.*)

XXI.

On ne ſçait ce qu'on fait, quand on va ſans régle, & qu'on n'a pas la Loi pour guide : la ſurpriſe, la prévention, l'intérêt & les paſſions offuſquent tout. « Ce Prince ignorant opprime, *Prov. 28. 16.*
» ſans y penſer, pluſieurs perſonnes,
» & fait triompher la calomnie. » (*pag. 389.*)

XXII.

Il faut ſur tout que le Prince connoiſſe ſes Courtiſans. « Prenez garde à *Eccleſ. 9. 21.*

» ceux qui vous environnent, & te-
» nez conseil avec les Sages. . . . » Le
Prince qui choisit mal, est puni par son
propre choix. . . . David, pour avoir
bien connu les hommes, sauva ses affaires dans la révolte d'Absolon. Il vit que toute la force du parti rebelle étoit dans les conseils d'Achitophel, & il tourna tout son esprit à les détruire. (*pag.* 392.)

XXIII.

C'EST UN caractère de folie d'adorer toutes ses pensées. . . . Les Princes accoutumés à la flatterie sont sujets plus que tous les autres hommes à ce défaut. . . . . Le Sage regarde tous ceux qui lui découvrent ses fautes avec prudence, comme des hommes envoyez de Dieu pour l'éclairer. . . . L'homme qui peut souffrir qu'on le reprenne, est vraiment maître de lui-même : « Qui
» méprise l'instruction, méprise son
» ame : qui acquiesce aux répréhensions
» est maître de son cœur. » (*pag.* 396.)

[1] *Prov.* 15. 31. 32.

XXIV.

C'EST AU PRINCE principalement que

s'adresse cette parole du Sage. « Achetez » la vérité. » Mais qu'il prenne garde à ne point payer des trompeurs, & à ne point acheter le mensonge. (*pag.* 397.)

Prov. 23. 23.

XXV.

Le premier moyen qu'a le Prince pour connoître la vérité, est de l'aimer ardemment, & de témoigner qu'il l'aime : ainsi elle lui viendra de tous côtés, parcequ'on croira lui faire plaisir de la lui dire. ... La vérité vient aisément à un esprit disposé à la recevoir par l'amour qu'il a pour elle. Aucontraire toute leur Cour sera remplie d'erreur & de flatterie, s'ils sont de l'humeur de ceux, « qui disent aux » voyans, ne voyez pas. .... Dites-» nous des choses agréables, voyez » pour nous des illusions. » Le monde est rempli de ces insensés dont parle le Sage : « L'insensé n'écoute pas les » discours prudens : ni ne prêt l'oreille, » si vous ne lui parlez selon ses pensées. (*pag.* 401. 402.)

Isaïe 30. 10.

Prov. 18. 2.

XXVI.

Le Prince est lui-même une sentinelle établie pour garder ſon Etat : il doit veiller plus que tous les autres. Peuple malheureux ! « Tes ſentinelles, » (tes Princes, tes Magiſtrats, tes » Pontifes, en un mot tous tes Paſteurs » qui doivent veiller à ta conduite.) » Tes ſentinelles, dis-je, ſont tous » aveugles, ils ſont tous ignorans ; » chiens muets qui ne ſavent point jap- » per : ils ne voyent que des choſes » vaines. Ils dorment, ils aiment les » ſonges : ce ſont des chiens imprudens

Iſaie 56. 10.11.12. » & inſatiables. Les Paſteurs mêmes » n'entendent rien : chacun ſonge à » ſon intérêt : chacun ſuit ſon avarice, » depuis le premier juſqu'au dernier. » Venez, diſent-ils, buvons, eni- » vrons-nous ; il ſera demain comme » aujourd'hui, & cela durera long- » temps. » (*pag.* 406.)

XXVII.

Un Prince préſomptueux, qui n'écoute pas conſeil, & n'en croit que ſes propres penſées, devient intraita-

Prov. 17. 12. ble, cruel & furieux. « Il vaut mieux » rencontrer une Ourſe à qui on en- » leve ſes petits, qu'un fol qui ſe con- » fie dans ſa folie. . . . » C'eſt donc en

prénant conſeil, & en donnant toute liberté à ſes conſeillers qu'on découvre la vérité, & qu'on acquiert la véritable ſageſſe. « Moi ſageſſe, j'ai ma de- *Prov.* 24. 6.
» meure dans le conſeil, & je me trou-
» ve au milieu des délibérations ſen-
» ſées. » (*pag.* 406, 407 & 408.)

XXVIII.

Le Prince doit tenir conſeil avec très-peu de perſonnes. Mais il ne doit pas renfermer dans ce petit nombre tous ceux qu'il écoute : autrement, s'il arrivoit qu'il y eût de juſtes plaintes contre ſes conſeillers, ou des choſes qu'ils ne ſuſſent pas, ou qu'ils réſoluſſent de lui taire, il n'en ſauroit jamais rien. . . . . Il faut que le Prince écoute, & s'informe de toute part s'il veut ſavoir la vérité : ce ſont deux choſes : il faut qu'il écoute & remarque ce qui vient à lui ; & qu'il s'informe avec ſoin de tout ce qui n'y vient pas aſſez clairement. . . . Dioclétien diſoit : « il n'y a rien de plus dif- *Flav. Vopiſc. Aureli.*
» ficile que de bien gouverner : qua-
» tre ou cinq hommes s'uniſſent & ſe
» concertent pour tromper l'Empereur.
» Lui qui eſt enfermé dans ſes cabi-

» nets, ne ſait pas la vérité : il ne
» peut ſavoir que ce que lui diſent ces
» quatre ou cinq hommes qui l'ap-
» prochent. Il met dans les charges
» des hommes incapables. Il en éloigne
» les gens de mérite. C'eſt ainſi, di-
» ſoit ce Prince, qu'un bon Empe-
» reur, un Empereur vigilant, & qui
» prend garde à lui, eſt vendu. » *Bo-
» nus, cautus, optimus venditur Im-
» perator.* (*pag.* 411.)

XXIX.

SUR-TOUT prenez-garde aux faux
Prov. 29. rapports. « Le Prince qui prend plaiſir
&c. » à écouter les menſonges, n'a que des
» méchans pour ſes Miniſtres. . . . »
Prenez-garde que le menteur qui a
aiguiſé ſa langue, & préparé ſon
diſcours pour couper la gorge à quelqu'un, ne manque pas de couvrir ſes
mauvais deſſeins ſous une apparence
de zéle. Miphibozeth, fils de Jona-
thas, zélé pour David, eſt trahi par
Siba ſon ſerviteur, qui voulant le perdre pour avoir ſes biens, vient au-
devant de David avec des rafraichiſ-
ſemens, pendant qu'il fuyoit devant
2. *Reg.* 16. Abſalon. « Où eſt le Fils de votre maî-

» tre ? Lui dit David ; il est demeuré,
» répondit le traitre, à Jérusalem di-
» sant : que Dieu lui rendroit le Royau-
» me de son Père. » Voilà comme on prépare la voye aux calomnies les plus noires par une démonstration de zéle. . . . . Le remède souverain contre ces faux rapports, est de les punir. Si vous voulez savoir la vérité, ô Prince ! Qu'on ne vous mente pas impunément. Nul ne manque plus de respect pour vous, que celui qui ose porter des mensonges & des calomnies à vos oreilles sacrées. . . . Ce n'est pas seulement les médisances qui sont à craindre ; les fausses louanges ne sont pas moins dangereuses, & les traitres qui vendent les Princes ont des gens apostés pour se faire louer devant eux. Toutes ces malices auprès des Grands se font sous prétexte de zéle. . . . . O Dieu ! Comment se sauver parmi tant de piéges, si on ne sait se garder des discours artificieux, & parler avec précaution ?
» Mettez une haye d'épines autour de Ecclef. 28.
» vos oreilles, n'y laissez pas entrer 28. 29.
» toute sorte de discours : n'écoutez
» pas la mauvaise langue : faites une
» porte, & une serrure à votre bou-
» che : pesez toutes vos paroles. » O

Prince ! Sans ces précautions vos affaires pourront souffrir : mais quand votre puissance vous sauveroit de ces maux, c'est pour vous le plus grand de tous les maux de faire souffrir les *innocens*, contre qui les *méchantes langues* vous auront irrité. (*pag.* 412, 413 & 414.)

XXX.

Si vous voulez savoir ce qui sera du bien & du mal aux siécles futurs, regardez ce qui en a fait aux siécles passés. Il n'y a rien de meilleur que
Prov. 22. 28. les choses éprouvées. « N'outrepassez » point les bornes posées par vos Ancêtres. Gardez les anciennes maximes sur lesquelles la Monarchie a été fondée, & s'est soutenue. » (*pag.* 415.)

XXXI.

Ecoutez vos amis & vos conseillers ; mais ne vous abandonnez pas à eux. Le conseil de l'Ecclésiastique est admi-
Eccles. 6. 13. rable : « Separez-vous de vos ennemis, » prenez-garde à vos amis. » Prenez-garde qu'ils ne se trompent ; prenez-garde qu'ils ne vous trompent. Que si vous suivez à l'aveugle quelqu'un qui aura

aura l'adresse de vous prendre par votre foible, & de s'emparer de votre esprit ; ce ne sera pas vous qui regnerez : ce sera votre Serviteur & votre Ministre. Et ce que dit le Sage vous arrivera : « trois choses émeurent la » terre : » la premiére, est un Serviteur qui regne. Dans quelle réputation s'étoit mis ce Roi de Judée, dont il est écrit dans les Actes : « Hérode » étoit en colére contre les Tyriens & les » Sydoniens : ils vinrent à lui tous ensemble ; & ayant gagné Blastus, » Chambellan du Roi, ils obtinrent » ce qu'ils voulurent. » On vient au Prince par cérémonie ; en effet, on traite avec le Ministre. Le Prince a les révérences ; le Ministre a l'autorité effective. On rougit encore pour Assuérus, Roi de Perse, quand on lit dans l'Histoire la facilité avec laquelle il se laisse mener par Aman son favori. (*pag.* 418.)

Prov. 30. 21.

Act. 12. 20.

XXXII.

Il n'y a rien de plus majestueux que la bonté répandue : & il n'y a point de plus grand avilissement de la Majesté, que la misére du Peuple caussée par le Prince. (*pag.* 430.)

XXXIII.

PHARAON tout endurci & tout Tyran qu'il étoit, ne laiſſoit pas dumoins d'é-
Exod. 5, 7. couter les Iſraelites. « Il écoutoit » Moyſe & Aaron. Il reçut à ſon audience les Magiſtrats du Peuple d'Iſraël, qui vinrent ſe plaindre à lui avec de grands cris, & lui diſoient: » pourquoi traitez-vous ainſi vos Serviteurs ? » Qu'il ſoit donc permis au Peuple oppreſſé de récourir au Prince par ſes Magiſtrats, & par les voyes légitimes : mais que ce ſoit toujours avec reſpect.... Moyſe ne ceſſa jamais d'écouter les Iſraëlites, de les adoucir, de prier pour eux, & donna un mémorable exemple de la bonté que les Princes doivent à leur Peuple. (*liv. 6. pag.* 449.)

XXXIV.

C'EST AUTRE choſe que le gouvernement ſoit abſolu : autre choſe qu'il ſoit arbitraire. Il eſt abſolu par rapport à ſa contrainte : n'y ayant aucune puiſſance capable de forcer le Souverain : qui en ce ſens eſt indépendant de toute autorité humaine. Mais il ne s'ensuit pas delà, que le gouvernement soit arbitraire. Parcequ'outre que tout est soumis au jugement de Dieu : ce qui convient aussi au gouvernement arbitraire, c'est qu'il y a des Loix dans les Empires, contre lesquelles tout ce qui se fait est nul de droit ; & il y a toujours ouverture à revenir contre, ou dans d'autres occasions, ou dans d'autres temps. De sorte que chacun demeure légitime possesseur de ses biens : personne ne pouvant croire, qu'il puisse jamais rien posseder en sureté, au préjudice des Loix : dont la vigilance, & l'action contre les injustices & les violences est immortelle : & c'est-là ce qui s'appelle le gouvernement légitime : opposé par sa nature, au gouvernement arbitraire. (*liv. 8. pag. 521.*)

XXXV.

Le crime que Dieu punit avec tant de rigueur dans Achab & dans Jezabel, c'est la volonté dépravée de disposer à leur gré, indépendamment de la Loi de Dieu, qui étoit aussi celle du Royaume, des biens, de l'honneur, de la vie d'un Sujet : comme aussi de se rendre les maîtres des jugemens publics ; & de mettre en cela l'autorité Royale. (*pag.* 524.)

XXXVI.

La conservation des anciens droits & des louables coutumes, concilie aux grands Royaumes, une idée non-seulement de fidélité & de sagesse, mais encore d'immortalité : qui fait regarder l'état comme gouverné, ainsi que l'univers, par des conseils d'une immortelle durée. (*pag.* 527.)

XXXVII.

Les Hommes, & sur-tout les Grands, ne sont pas si heureux, que la vérité aille à eux d'elle-même, ni d'un seul endroit ; ni qu'elle perce tous les obstacles qui les environnent. Trop de gens ont intérêt qu'ils ne sachent pas la vérité toute entière : & souvent ceux qui les environnent, s'épargnent les uns les autres, pour ainsi dire, à la pareille. Souvent même on craint de leur découvrir des vérités importunes qu'ils ne veulent pas savoir. Ceux qui sont toujours avec eux, se croyent souvent obligés de les ménager, ou par prudence ou par artifice. Il faut qu'ils descendent de ce haut faite de grandeur, d'où rien n'approche qu'en tremblant ; & qu'ils se mêlent en quelque façon parmis le Peuple, pour reconnoître les choses de près, & recueillir de çà & de là les traces dispersées de la vérité. (*pag.* 533.)

XXXVIII.

L'ESPRIT du Prince doit être une glace nette & unie, où tout ce qui vient de quelque côté que se soit, est représenté comme il est selon la vérité. Il est dans un parfait équilibre, il ne se détourne ni à droite ni à gauche. C'est pour cela que Dieu l'a mis au faîte des choses humaines, afin que libre des attaques qui lui viendront de ce qu'il a au-dessous de lui, il ne reçoive des impressions que d'en-haut, c'est-à-dire, de la vérité. (*pag.* 538.)

XXXIX.

LA COLÉRE est une passion des plus indignes du Prince. On doit s'exercer à la vaincre, quand on aime la jus-

tice, dont elle eſt l'ennemie. » L'hom-
Prov. 16. » me patient eſt préferé au courageux,
32. » & celui qui ſurmonte ſa colére,
» vaut mieux que celui qui prend des
» Villes. » L'Empereur Théodoſe le Grand, avoit bien compris cette Maxime du Sage. Ce Prince tant de fois victorieux & illuſtre par ſes conquêtes, encore qu'il fût naturellement d'une colére impétueuſe, profita ſi bien des conſeils de S. Ambroiſe; qu'à la fin, comme dit ce Père, il ſe tenoit obligé, quand on le prioit de pardonner; & quand il étoit ému par un ſentiment plus vif de la colére, c'étoit alors qu'il ſe portoit plus facilement à la clémence. (*pag. 539.*)

X L.

Prov. 31. » QUI PRESSE trop la mamelle pour
33. » en tirer du lait, en l'échauffant &
» la tourmentant tire du beurre; qui ſe
» mouche trop fortement fait venir le
» ſang; qui preſſe trop les hommes,
» excite des révoltes & des ſéditions. »
C'eſt la régle que donne Salomon. . . La Réligion n'entre point dans les manières d'établir les impôts publics, que chaque Nation connoît, la ſeule

régle divine & inviolable parmi tous les Peuples du monde, est de ne point accabler les Peuples, & de mesurer les impôts sur les besoins de l'Etat, & sur les charges publiques. (*pag.* 596 & 599.)

XLI.

» LES MAUVAIS Ministres, disoit » le Grand Roi Artaxerxés (dans la » lettre qu'il adressa aux Peuples de » 127. Provinces soumises à son Em- » pire) en imposent par leurs menson- » ges artificieux aux oreilles des Prin- » ces, qui sont simples, & qui natu- » rellement bienfaisans, jugent des » autres hommes par eux-mêmes. » (*Liv.* 612.) *Esther* 16.6.

XLII.

CE QUI flatte les ambitieux, c'est une image de toute puissance, qui semble en faire des Dieux sur la terre. On ne peut voir sans chagrin l'endroit par où elle manque, & tout paroît manquer par ce seul endroit; plus l'obstacle qu'on trouve à ses grandeurs paroît foible, plus l'ambition s'irrite de ne le pas vaincre, & tout le répos de la vie en est troublé. (*pag.* 622.)

XLIII.

Sur-tout craignez le flatteur, qui est le vice des Cours, & la perte de la

Prov. 27. 6. vie humaine : « Les morsures de l'ami » (qui ne vous offense qu'en disant la » vérité) valent mieux que les baisers » trompeurs d'un ennemi (qui se cache » che sous une belle apparence. ») (*pag.* 625.)

XLIV.

Eccles. 4. 30. » Ne vous opposez point à la vérité, & si vous vous êtes trompé, » humiliez-vous ; » qui est le mortel qui ne se trompe jamais ? Faites un bon usage de vos fautes, & qu'elles vous éclairent pour une autre occasion. (*pag.* 627.)

XLV.

» Ecoutez-moi, Rois, & entendez : Juges de la terre, apprenez votre devoir : prêtez l'oreille vous qui » contenez la multitude, & qui vous plaisez

» plaisez à vous voir environés des » troupes de Peuples. C'est le Seigneur » qui vous a donné la puissance, & » toute votre force vient du Très-» Haut, qui examinera vos œuvres, » & sondera vos pensées, parcequ'é-» tant les Ministres de son Royaume, » vous n'avez pas jugé droitement, » & vous n'avez pas gardé la Loi de » la justice, & vous n'avez pas mar-» ché selon la volonté de Dieu. Il vous » apparoîtra tout d'un coup, d'une » manière terrible : & ceux qui com-» mandent seront jugés, par un juge-» ment très-rigoureux & très-dur. Car » les petits seront traités avec dou-» ceur; mais les Puissans seront puis-» samment tourmentés. Dieu ne fait » point d'acception de personne, ni il » ne craint la grandeur de qui que ce » soit : parcequ'il a fait le petit com-» me le grand, & il a un soin égal » des uns & des autres; les plus forts » auront à porter un tourment plus » fort. » Il ne faut ni réflexion, ni commentaire. Les Rois, comme Ministres de Dieu qui en exercent l'Empire, sont avec raison ménacés pour une infidélité particulière, d'une juſtice plus rigoureuſe, & de ſupplices plus exquis. Et celui-là eſt bien endormi, qui ne ſe reveille pas à ce tonnèrre. (*pag.* 637.)

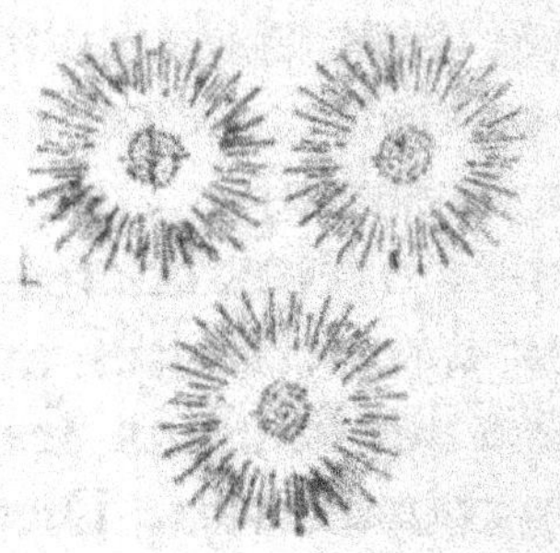

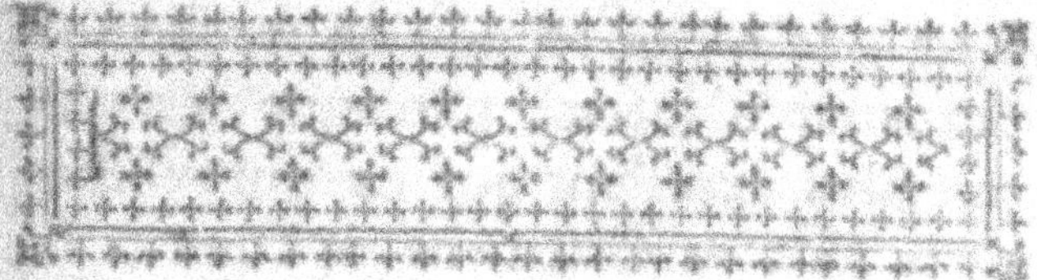

MAXIMES
SUR
LE DEVOIR DES ROIS ;
ET
LE BON USAGE
DE LEUR AUTORITÉ ;

Tirées de l'Institution d'un Prince, par M. du Guet.

I.

UN PRINCE véritablement digne de commander, est un des plus précieux présens que le Ciel puisse faire à la terre. Les Infidéles même l'ont avoué, & les ténébres de leur fausse Religion n'ont pû leur cacher ces deux vérités : que Dieu seul donnoit les bons

Rois, & qu'un tel don en renfermoit beaucoup d'autres, parceque rien n'étoit plus excellent que ce qui ressembloit plus parfaitement à Dieu, & que l'image la plus noble de la Divinité étoit un Prince juste, moderé, chaste, saint, & qui ne regnoit que pour faire regner la vertu. (*pag. 4. tom. premier.*)

I I.

Les Princes sont rarement instruits de leurs devoirs, & les premières teintures d'une bonne éducation sont bientôt effacées. Ils se livrent au plaisir de regner, sans s'informer des justes bornes de leur autorité. L'orgueil, qui est le venin secret de la Souveraine Puissance, les porte à ne plus demander conseil ou à ne le plus suivre. Ils reçoivent sans précaution les erreurs de ceux qui les flattent. Ils deviennent indifférens pour la vérité, ou même ses ennemis. Ils s'accoutument à confondre la raison & la justice avec leurs volontés. Ils s'amollissent par les délices, & ils abandonnent à d'autres le poids de l'Etat & des affaires. Ils se bornent aux seules choses qui ne demandent ni application ni travail. Ils ne veulent être instruits que de ce qui ne trouble point leur repos. Ils croyent que tout est bien gouverné, parceque tout ce qui les environne n'offre à leurs yeux qu'une image d'abondance & de félicité. Ils pensent que tout leur est dû, & que leur magnificence & leur gloire sont la fin de tout. Ils se nourrissent des respects excessifs de ceux qui sont comme en adoration devant eux. Ils substituent l'éclat & la pompe de la Royauté à ce qu'elle a de véritable & de solide grandeur. Ils succombent ainsi sous la majesté de l'auguste Place qu'ils occupent, dont ils n'ont que l'appareil & la représentation, sans en avoir le fond & la vérité. Ils vivent & meurent sans connoître ni l'origine de leur pouvoir, ni son usage légitime, ni le compte qu'ils en doivent rendre. Ils sont toute leur vie étrangers à leur propre Etat & à leurs Peuples, dont ils ont ignoré les besoins, négligé le bonheur, méprisé les gémissemens ; & pour ne s'être occupés que d'eux-mêmes & de leurs intérêts, ils ont toujours oublié ce qu'ils devoient être.

III.

C'EST la même chose, d'être à la

République & d'être Roi ; d'être pour le Peuple & d'être Souverain. On est né pour les autres dès qu'on est né pour leur commander ; parcequ'on ne leur doit commander que pour leur être utile. C'est le fondement & comme la baze de l'éclat des Princes, de n'être pas à eux ; c'est le caractère même de leur grandeur, d'être consacrés au bien public ; il en est d'eux comme de la lumière, qui n'est placée dans un lieu éminent, que pour se répandre par tout. Ce seroit leur faire injure, que de les renfermer dans les bornes étroites d'un intérêt personnel. Ils rentreroient dans l'obscurité d'une condition privée, s'ils avoient des vues moins étendues que tous leurs Etats. Ils sont à tous, parceque tout leur est confié. Ils ne sont plus à eux-mêmes, parcequ'il n'est pas possible de les séparer du corps dont ils sont l'ame & l'esprit. Ils se sont unis la République si étroitement, qu'on ne peut plus discerner ce qui est à eux, de ce qui est à elle ; & l'on trouveroit plutôt une différence d'intérêt entre la tête & le corps, qu'entre le Prince & l'Etat. C'est ce que représentoit à un Prince chargé de tout le poids de l'Empire, celui qui avoit eu ſoin de l'inſtruire, & qui conſervoit encore quelque autorité ſur ſon eſprit. Ce n'eſt pas pour vous, lui diſoit-il, qu'eſt la République, c'eſt vous aucontraire qui êtes pour elle ; & il ajoutoit dans un autre endroit, que dès l'inſtant que l'Empereur s'étoit conſacré à la conduite de l'univers, il avoit dû s'oublier pour toujours. (*pag.* 28 *&* 29.)

I V.

Il est juſte d'honorer l'autorité & d'y être ſoumis ; mais il n'eſt pas juſte qu'un Prince exige l'eſtime par le titre ſeul de l'autorité. Ce ſeroit alors confondre des choſes très-différentes. Quand le Prince aura des vertus eſtimables, je l'eſtimerai ; mais quand il ſe contentera d'avoir de l'autorité, je reſpecterai le pouvoir que Dieu lui a donné, & je lui refuſerai mon eſtime. (*pag.* 56.)

V.

Dieu, pour punir les Rois qui aiment à être flattés, permet qu'un eſprit de menſonge réuſſit à les tromper, & qu'il prévale ſur toutes les *remontran-*

ces des hommes *éclairés & fidéles*, pour venger la vérité méprisée dans d'autres occasions. *Tu le tromperas*, dit le Seigneur à l'esprit de mensonge qui s'offroit de tromper le Roi d'Israël par la bouche des faux Prophêtes qui le flattoient, & tu *prévaudras*, *va & fait comme tu dis*. C'est à ce châtiment secret, mais terrible, qu'il faut attribuer l'obstination de certains Princes à n'écouter rien de salutaire, & à se livrer sans retenuë à des hommes artificieux & violens, qui abusent de leur facilité, quoique les preuves qu'on leur donne de leurs mauvais conseils soient sensibles & convaincantes. Ils ont aimé la flatterie; il est juste que la souveraine vérité les punisse, en les abandonnant à une flatterie qui les conduit à leur perte, selon cette formidable parole: « Le Seigneur a mis l'esprit de mensonge dans la bouche de » tous vos Prophêtes, & il a résolu » votre perte. (*pag*. 128.)

V I.

Le flatteur donne des louanges à tout ce que le Prince aime, à tout ce qu'il dit, à tout ce qu'il fait, à tout ce qu'il a, sans discernement & ſans choix. Il ſçait diſcerner les inclinations. . . . . Le gagner par une humeur plus aimable, connoître & adroitement ménager tous les ſecrets rapports qu'il peut mettre entre l'imagination du Prince & certaines manières, dont le concours fait ce qu'on appelle ſympathie. Tous les panchans du Prince & tous les préjugés ſont pour lui; l'inclination eſt formée, la confiance va bientôt ſuivre; & ſi elle ſuit, le Prince eſt perdu: car celui à qui il eſt prêt de la donner, eſt un eſprit dangereux qui en abuſera. C'eſt un ennemi traveſti, qui veut faire ſervir l'autorité du Prince à ſes paſſions, & qui ne penſe qu'à lui inſpirer ſes propres volontés, en affectant en apparence de ſuivre tous ſes mouvemens. . . . . C'eſt alors que le Prince doit connoître que le flatteur eſt l'ennemi de ſa gloire, de ſa vertu, de ſon repos, de ſon état; & il doit le chaſſer avec toute l'indignation que mérite ſa perfidie. Aucontraire il doit faire un extrême cas de celui qui dans les temps d'affoibliſſement, où la colére, l'ambition, la volupté commenceroient à ſe faire ſentir, a oſé lui parler ſincerement & fortement, qui a mieux aimé lui déplaire, que de le trahir, & qui a préferé son devoir à toute autre considération, & même à sa fortune. (*pag.* 131 *&* 138.)

VII.

Il y a peu de Princes, dont on puisse dire ce que S. Ambroise disoit du Grand Théodose après sa mort : « Je » l'ai aimé, parcequ'il n'aimoit point » la flatterie, & qu'il aimoit au contraire à être repris : » Grand éloge qui renferme tout. « Il y a peu de Prin» ces, comme David, qui regardent » comme une grace & une misericorde » que le Juste les avertisse & les repren» ne, & qui rejettent le parfum que » le pécheur, c'est-à-dire le flatteur, » veut repandre sur leurs têtes. » Il y en a peu qui soyent de l'avis du Sage, & qui aiment mieux les blessures que fait un ami, que les caresses trompeuses d'un ennemi qui les flatte. (*pag.* 156.)

VIII.

Le Prince n'entend presque jamais rien d'utile, rien d'exact, rien de falutaire. Toutes les idées qu'on lui préfente font fauffes. On pervertit devant lui les noms du bien & du mal, des paffions & de la vertu. On fortifie un difcours féducteur par des exemples encore plus féduifans. L'on ferme à la vérité toutes les avenues : ceux qui environnent le Thrône ont deffein de tromper, ou font trompés eux-mêmes les premiers. Les uns font fervir la féduction à leur intérêt ; les autres fuivent, fans deffein, leurs propres ténébres. Le Prince vit au milieu de ces hommes, & il eft fouvent affez malheureux pour réunir toutes leurs erreurs. (*pag.* 164.)

I X.

Quand un Prince a des intentions droites, & qu'il demande fincerement à Dieu un homme de fa main, pour lui fervir de confeil, Dieu écoute fa priére, & c'eft l'Ecriture qui nous en affure : mais elle fuppofe que la bonne vie foutiendra la priére, & qu'on aura une grande idée de la grace qu'on demande. C'eft pour cela qu'elle commence par l'éloge d'un ami fidéle, & qu'elle ajoute enfuite, que le moyen de l'obtenir eſt de craindre Dieu, qui peut ſeul accorder un homme d'un tel mérite. « Un ami fidéle, dit le S. Eſ» prit, eſt une défenſe invincible. Qui » l'a trouvé, a trouvé un tréſor. Rien » ne lui peut être comparé. L'or & l'ar» gent ne ſont rien au prix de ſa fidé» lité. Un ami fidéle eſt un reméde » pour nous aſſurer la vie & l'immor» talité, & ceux qui craignent Dieu le » trouveront. » (*pag.* 196.)

X.

La bonté des Princes eſt quelquefois la cauſe de leur crédulité. Ils jugent de la ſincerité des autres par la leur : & plus ils ſont généreux, moins ils ſe défient de la baſſe malignité de ceux qui leur donnent de faux avis. C'eſt ce que diſoit le Roi Aſſuérus, pour s'excuſer de ce qu'il avoit crû trop légérement les calomnies d'Aman contre les Juifs. « Les Princes, diſoit-il, » ont de la franchiſe ; ils jugent trop » facilement que les autres leur reſſem» blent, & ils ſont trompés, parce» qu'ils ſont eux-mêmes incapables de » vouloir tromper. » Mais une telle excuſe ne décharge point un Prince, qui ne doit pas facrifier une Nation entiére à l'accufation d'un feul homme ; qui eft obligé d'examiner puifqu'il eft Juge ; qui doit avoir plus de peine à croire le mal de *plufieurs* que d'un *feul* ; & qui étant le protecteur de tous ceux qui lui font foumis, ne peut, fans une extrême injuftice, opprimer les uns, parcequ'il croit les autres finceres. (*pag.* 211 *&* 212.)

X I.

Un Délateur eft un accufateur fecret qui défire fermer à l'innocence tout accès auprès du Prince, & de lui ôter tout moyen de fe juftifier ; qui fouhaite que l'accufé ignore toujours le crime qu'on lui impute ; qui confeille les voyes les plus courtes & les plus abregées pour le punir ; qui élude autant qu'il peut, les tribunaux ordinaires, où tout fe paffe dans les régles ; qui tranfporte à un feul homme, qu'il a pris foin de repréfenter au Prince comme le feul en qui il puiffe prendre confiance, la difcuffion & l'exécution de tout ce qui regarde ceux qu'il veut lui rendre fufpects ; & qui s'applique uniquement à empêcher que par des voyes publiques ou secretes, le Prince ne vienne à connoître qui est le coupable, ou des accusés ou de l'accusateur. . . . Ce n'est jamais pour lui, ni pour ses intérêts qu'il parle, c'est toujours le Prince qui est son objet. . . . . Voyez ce que dit Aman à Assuérus. « Les Juifs sont » tous portés à la révolte & repandus » dans toutes vos Provinces. Ils sont at- » tachés à d'autres Loix, & à une au- » tre Religion que celle de l'Etat. Il » est de la bonne politique de les préve- » nir avant qu'ils se fortifient. » Sa haine contre Mardochée, & à cause de lui contre toute la Nation, ne paroît point. L'intérêt seul du Prince & le bien public sont mis en évidence, & néanmoins c'étoit au ressentiment de cet ambitieux que le Prince & le bien public étoient sacrifiés. (*pag.* 217 *&* 218.)

XII.

QUELLE différence entre un Prince qui veut que tous les autres soyent heureux aussi bien que lui, qu'ils le soyent par lui, qu'ils le soyent plus que lui; & un Prince qui veut être heureux tout seul, & qui veut l'être aux dépens des autres ? Combien ce dernier a-t-il d'ennemis ſecrets ? Combien manque-t-il de choſes à ſon bonheur ? Combien affoiblit-il ſa puiſſance, en ne regnant, ni ſur l'eſprit, ni ſur le cœur de ſes Sujets ? De quoi ſe contente-t-il en ſe contentant du dehors ? A quoi borne-t-il ſa grandeur, s'il conſent à n'être point aimé ? Et que lui auroit-il couté pour mériter de l'être, que de ſavoir faire uſage de ſa grandeur ? Il ne falloit pour cela qu'y joindre la bonté, c'eſt-à-dire, le plaiſir d'être Grand pour les autres, & d'être heureux en bonne compagnie ; il ne falloit qu'avoir un goût plus exquis de la Royauté, & ne pas ſe contenter de celle qui peut couvenir aux mauvais Princes, & qui, n'étant qu'extérieure, ne remplit pas la noble ambition d'un Roi qui veut l'être en tout ſens, & plus encore par l'amour & par le mérite, que par la puiſſance. (*pag.* 249 *&* 250.)

XIII.

L'Empereur Alexandre-Sévére ne s'eſtimoit heureux, & ne croyoit regner, qu'autant qu'il étoit bienfaiſant. Il marquoit tous les jours par quelque grace nouvelle ; & il n'en paſſoit aucun, ſans donner quelques témoignages de clémence, de bonté, d'humanité, de compaſſion, de libéralité, mais ſans épuiſer l'épargne & ſans charger le Public. (*pag.* 252.)

XIV.

Il y a des hommes qui penſent qu'on ne peut regner, ſi l'on ne préfere quelquefois les conſidérations d'Etat à l'obſervation exacte des traités ſolemnellement jurés ; qui paſſent légérement ſur tout ce qu'un Prince a promis à ſes Sujets dans l'auguſte cérémonie de ſon Sacre, ou de ſon Couronnement, quoique le Nom de Dieu & les Saints Myſteres y ſoyent intervenus. . . . Ces hommes ſavent-ils que c'eſt Dieu ſeul qui fait les Rois, & qu'ils n'ont d'autre autorité que celle qu'il leur confie ? Croyent-ils que ce ſoit un moyen bien ſûr pour la conſerver, que de manquer de Religion, & que de ſe révolter contre celui qui les a mis ſur le Thrône ? . . . . Ne vaudroit-il pas mieux, ſans comparaiſon, deſcendre du Thrône, que de s'y maintenir par

par l'infraction du serment ? . . . Eſt-ce même un moyen d'attirer aux Rois les reſpects du Peuple, que de leur apprendre à ne plus craindre Dieu ? Quand cette crainte ſera effacée dans les Sujets, comme dans le Prince, où ſera la fidélité & l'obéiſſance, & ſur quel appui le Thrône ſera t-il fondé ? On en ſappe le fondement par l'impiété ; & c'eſt enſeigner publiquement l'impiété, que d'enſeigner le parjure, de quelques prétextes qu'on le colore. (*pag.* 305 & 306.)

X V.

Il ne faut pas que le Prince attende que les plaintes viennent juſqu'à lui, pour remédier aux maux qui en ſont le ſujet. Il pourroit les ignorer longtems ou même toujours, s'il ne vouloit connoître que ce qui s'offre à lui & qu'il ne peut diſſimuler. Il y a ſi loin du Thrône à la condition des foibles qui gémiſſent en ſecret ; il ſe paſſe tant de choſes dans les Provinces qui y ſont étouffées, & qui ſont couvertes par le ſilence ; il eſt ſi rare que les perſonnes opprimées ſurmontent tous les obſtacles qui s'oppoſent à la juſtice qu'elles attendent des Loix ; que si le Prince ne va au-devant de tout, s'il ne veille, s'il ne cherche, s'il n'employe tous les moyens possibles pour être instruit, son état sera plein d'injustices impunies, & de violences couvertes sous une apparente tranquillité : & l'on y verra, malgré ses bonnes intentions, ce que déploroit le Sage : les gens de bien repandre d'inutiles larmes, sans consolation & sans appuy, & les injustes qui les oppriment, vivre dans l'abondance & la paix. (*pag. 51 & 52. du deuxiéme vol.*)

X V I.

Le Prince laissera aux *Tribunaux* toute la liberté & toute l'autorité nécessaires pour terminer les affaires qui doivent y être jugées. Il n'en *évoquera* aucune que pour des raisons importantes, & pour le bien même de la justice. Il ne suspendra la conclusion d'aucune, que pour de semblables vues. Il s'appliquera à maintenir l'ordre & la régle, à conserver les anciens *usages*, à faire que chaque *Jurisdiction* jouisse de ses droits & de ses priviléges. Il sera ennemi des nouveautés

& des changemens : & il ſera perſuadé que tout ce qui s'examine par pluſieurs, & ſelon les *formes* ordinaires, eſt moins expoſé à l'injuſtice, que ce qui ſe traite devant peu de perſonnes, & d'une maniére moins publique & moins ſolemnelle. (*pag. 79 & 80.*)

XVII.

Il faut, pour conſerver l'Etat, conſerver les Maximes anciennes dont il dépend. Les Princes qui permettent qu'on les néglige, commettent une grande faute contre leurs Succeſſeurs, & contre la République, qui doit être immortelle par la durée de ſes Loix : & ils éprouvent quelquefois eux-mêmes, avant la fin de leur regne, combien ils étoient intéreſſés à s'oppoſer que des opinions nouvelles ne priſſent la place des maximes anciennes, d'où dépendoit leur gloire & leur ſûreté. (*pag. 141.*)

XVIII.

Un Prince ſage & prudent conſent que les Juges du plus *célébre Tribunal* de ſon Etat n'enrégiſtrent les Loix qu'il leur adresse qu'après un examen respectueux, mais libre & sincere. Il ne prétend leur fermer ni les yeux, ni la bouche, & il ne convertit point en simple formalité, un usage qui assure encore plus le Prince, que le Peuple, contre les surprises qu'on peut faire à sa Réligion. Il sait que des personnes sages s'éclairent mutuellement; qu'il est juste d'écouter des Sénateurs, qui ont vieilli dans la connoissance des Loix, & qui en sont les Dépositaires; qu'il affermit son autorité, en montrant publiquement qu'il n'en veut user que pour la justice; & qu'il attire un respect particulier à ses Ordonnances, en exigeant que les premiers Juges & les plus intégres de l'Etat repondent au public de leur équité. S'il vouloit que les Juges n'eussent d'autre fonction que celle d'entendre une lecture inutile & d'y consentir, ou de se taire après l'avoir entendue, il les dispenseroit de cette servitude, qui ne seroit d'aucun fruit pour le Public, & qui ne feroit que charger leur conscience. Il aimeroit mieux user hautement de son autorité, que de chercher des Approbateurs condamnés au silence: & il trouveroit plus de générosité à ne point demander un témoignage public, qu'à étouffer la voix des témoins: *Un grand Prince est toujours sincere. Ce qu'il paroît vouloir, il le veut en effet, il ne défend pas ce qu'il semble exiger: & s'il veut que les premiers Magistrats de son Royaume autorisent la Loi qu'il leur adresse, il leur laisse le pouvoir de le faire, & il ne les dégrade pas en faisant mine de les consulter.* Autrement ce qu'il y a de plus auguste dans l'Etat n'est qu'un vain spectacle, & dégénere en pure cérémonie. Rien n'est moins approuvé que ce qui paroît l'être. Tout passe à une voix, & personne n'a parlé, on ne l'a fait sincerement; souvent un morne silence est la seule maniére dont opinent les Juges. Quelquefois l'Arrêt d'enrégistrement n'est pas prononcé par celui même qui préside, & le Greffier le dresse comme étant de pur stile. Si quelqu'un osoit dire en mots entrecoupés quelque chose, où il parût une étincelle de liberté, il seroit regardé comme séditieux, & puni comme tel. Ainsi on ne s'assemble point en ces occasions comme Juges, mais comme Flateurs: & la flatterie est si grossiére, que personne n'y est trompé, & que l'enrégiſtrement eſt plutôt une preuve d'improbation que de conſentement. Quand un Prince a bien examiné par lui-même, & avec un ſage Conſeil, la juſtice & la néceſſité d'une Ordonnance, il ne craint point que des hommes zélés pour ſa gloire, & pleins de reſpect pour ſes volontés, n'acceptent avec diſcernement & avec lumiére la Loi qu'il leur adreſſe. Mais moins il a pris de précautions, moins il ſouffre qu'on en prenne pour lui; il ne veut point qu'on délibere, quand il ne l'a pas fait, & il regarde comme une témerité, d'oſer approfondir ce qu'il n'a pas voulu connoître. C'eſt d'ordinaire par l'inſpiration d'un Miniſtre trop abſolu que le Prince défend toute réflexion ſur ſes Edits. Ils ſont l'ouvrage de ce Miniſtre qui ne veut être, ni éclairé, ni contredit, qui ne peut ſouffrir que ſon autorité ſoit balancée par celle d'aucun Tribunal, & qui s'applique à humilier ce qu'il y a de plus grand & de plus ferme dans l'Etat, pour y regner ſous le nom de ſon maître. Ce Miniſtre a ſouvent des vues particuliéres, oppoſées au bien public: & quand ſes intentions ſeroient toujours pures, il n'a pas une telle ſageſſe, ni une telle étendue d'esprit, qu'il n'ait besoin d'aucune autre lumiére. Les Sénateurs du premier siége seroient capables de suppléer à ce qui lui manque, ou de rectifier ce qui seroit contraire au bien public. Le Prince, dont les intérêts sont inséparables de ceux de l'Etat, les charge de veiller contre les surprises, & leur envoye à ce dessein tout ce qui doit être revêtu d'une forme autentique : & par une inconstance, dont la jalousie de son Ministre est le principe, il rétracte ce qu'il commande, & il défend d'avoir aucune attention sur ses intérêts, ni aucun zéle pour le bien public. Quand le Ministre à sçû imposer silence à tout le monde, & rendre son maître l'exécuteur de ses volontés, il passe souvent jusqu'à lui épargner la peine d'en être instruit. Il fait lui seul la disposition d'un Arrêt, d'un Réglement, d'un Edit : il le présente au Prince pour le signer, avec la même confiance qu'il le présenteroit à son Sécrétaire : & il compte si fort sur sa complaisance, ou sur sa paresse, qu'il donne quelquefois à l'Imprimeur un projet, dont le Prince n'a pas encore entendu la lecture. Cependant tout fléchit sous le pouvoir arbitraire d'un

Serviteur, parcequ'il a sçu persuader son Maître, que l'obéissance est l'unique vertu des premiers Juges, & qu'elle doit être aveugle à tel point, qu'elle ne s'informe pas même si c'est lui qui commande, ou si un autre a pris sa place; & il arrive ainsi, que plus un Prince affecte d'être absolu, plus il montre au Public la dépendance où le tient son Ministre. Il n'y a donc rien qui marque mieux qu'un Prince gouverne par lui-même, que la liberté qu'il laisse à des Juges Supérieurs de prendre connoissance des Loix qu'il leur adresse, & d'examiner si ses intérêts, qui sont ceux de la Justice & de l'Etat, n'y sont point blessés : car il est évident deslors qu'il veut être instruit de tout, qu'il est en garde contre les surprises, & qu'il ne veut pas qu'on abuse de son nom & de son pouvoir, pour établir rien d'injuste. Il ne faut que cela pour l'empêcher, & pour en ôter même la pensée : car lorsque les remontrances respectueuses sont permises, elles sont rarement nécessaires. Les Ministres ne veulent point y donner d'occasion. Ils sont sages & circonspects, & ils ne proposent rien au Prince qui ne soit digne de lui,

dode sa bonté & de sa justice ; rien qui ne soit conforme aux anciennes Maximes ; rien qui ne tende au bien public. Le terme de rémontrance ne peut blesser un Prince qui aime la vérité. Il la cherche & il la préfere à tout. Il invite tout le monde à la lui dire. Il ne craint que le mensonge & la flatterie ; & il regarde comme des qualités essentielles dans les Magistrats, la sincérité & la fidelité. Il sçait que non-seulement elles ne sont point opposées à la soumission & au respect, mais qu'elles en sont des preuves : & il se tiendroit offensé, si l'on le croyoit incapable de conseil, ou si l'on craignoit de lui déplaire, en lui disant ce qui seroit utile à son service. Il ne s'engage pas à le suivre, quoiqu'il l'écoute. Il est toujours le maître ; & il le sçait bien : mais c'est parcequ'il est toujours le Maître qu'il veut tout sçavoir, & qu'il ne souffre pas qu'un Ministre ôte à des Juges la liberté qu'il leur donne. (*pag.* 145 *& suiv.*)

XIX.

Rien n'est plus opposé aux desseins de Dieu, & à la premiere institution de la puiſſance Royale, que le pouvoir arbitraire, qui la déshonore en la faiſant dégénerer en tyrannie. . . . . Il eſt pour le Prince, d'une conſéquence infinie de bien connoître les caractères des deux Puiſſances. . . . . Le caractère de la Souveraine Autorité, quand elle eſt pure, & qu'elle n'a point dégéneré, ni de ſon origine ni de ſa fin; eſt de gouverner par les Loix, de régler ſur elles ſes volontés, & de ſe croire interdit tout ce qu'elles défendent. Ainſi le Prince & les Loix commandent la même choſe, l'autorité n'eſt pas partagée. L'exemple du Prince n'affoiblit pas les Loix, & les Loix ne condamnent pas le Prince. C'eſt tout l'oppoſé dans le pouvoir arbitraire. Il donne ſes volontés pour Loix, & ſa conduite pour Régle. Il ſépare ſon autorité de celle du droit public. Il mépriſe celle des Loix, & les Loix condamnent l'abus qu'il fait de la ſienne. (*pag.* 159, 160 & 161.)

XX.

» JE ME SOUVIENS d'avoir oui dire à » mon père, dit Vopis-Cus dans la vie » d'Aurélien, que depuis que Dioclé-

» tien se fut réduit à une condition pri-
» vée, il ne voyoit rien de plus dif-
» ficile que de remplir tous les devoirs
» d'un Empereur. Il ne faut, disoit-il,
» que quatre ou cinq personnes, bien
» unies entr'elles & bien déterminées
» à tromper le Prince pour y réussir.
» Ils ne lui montrent jamais les cho-
» ses que par le seul côté qui peut les
» lui faire approuver. Ils lui cachent
» tout ce qui contribueroit à l'éclairer.
» Et comme ils l'obsédent seuls, il ne
» peut être instruit que par leur Ca-
» nal : & il ne sçait que ce qu'il leur
» plaît de lui dire. Ainsi il accorde les
» Magistratures à qui il les faudroit re-
» fuser. Il déstitue aucontraire de leurs
» emplois, ceux qui en sont les plus
» dignes ; & pour tout dire en un mot,
» un Prince, qui d'ailleurs avoit de
» bonnes intentions, & qui auroit
» pû devenir excellent, s'il avoit eu des
» Ministres fidéles, est vendu par eux,
» malgré sa vigilance, & malgré mê-
» me ses défiances & ses soupçons. Voi-
» là, continue l'Historien, ce que dé-
» ploroit un Empereur, qui n'avoit
» connu de quels piéges le Thrône est
» environné, qu'après en être descen-
» du ; & l'on peut juger de-là, que

» rien n'eſt plus rare qu'un Prince vrai-
» ment ſage, ni rien de plus difficile
» que de bien gouverner. » (*pag*. 206 & 207.)

XXI.

L'OBÉISSANCE au Roi ne coûte rien: mais celle qu'exige un Sujet eſt inſupportable. On connoît le Maître, mais non le Serviteur : on veut dépendre de la Souveraine Autorité, mais non ramper ſous un homme qui devroit obéir comme les autres. On ſe ſoumet pourtant ſi l'on y eſt forcé ; mais avec une ſecrete indignation, & en cherchant tous les moyens d'abbattre une Puiſſance importune. (*pag*. 240.)

XXII.

L'EMPEREUR Valentinien ſécond, quoique fort jeune, fut expoſé à la cenſure du Public, & la maniére dont il en profita, doit ſervir de modéle à tous les autres Princes. On diſoit de lui qu'il aimoit les Spectacles du Cirque ; dès qu'il le ſçut, il ſe fit une régle de n'y aſſiſter jamais, & n'excepta pas même certains jours où ſa préſence y paroiſſoit néceſſaire. On croyoit qu'il donnoit aux plaiſirs de la chaſſe une partie du temps qu'il devoit aux affaires, il ordonna qu'on tuât toutes les bêtes qu'il faiſoit nourrir dans ſon Parc. On le blâmoit de ſe mettre à table de trop bonne heure ; & l'avantage qu'il tira de ce reproche, fut de s'exercer au jeûne, & d'en porter la ſévérité ſi loin, que dans les cérémonies, où l'uſage vouloit qu'il régalât les Grands de ſa Cour, dont pluſieurs étoient infidéles, il aſſiſtoit au repas ſans y manger, lorſque c'étoit un jour de jeûne pour les Chrétiens, quoiqu'il n'eût pas alors vingt ans, & il trouvoit ainſi le moyen d'allier la civilité avec la Religion & la conſcience. *(pag. 365 & 366.)*

XXIII.

Tout le monde eſt capable de comprendre quelle ſeroit la félicité d'une Nation, où toute la force & toute l'autorité ſeroient accordées à la vertu : où toutes les ménaces & tous les châtimens ne ſeroient que contre le vice : dont le Prince ne ſeroit terrible qu'à quiconque feroit du mal, & jamais à ceux qui aiment & font le bien :

où l'épée que Dieu lui a confiée seroit la protection des justes, & ne feroit trembler que leurs ennemis : où la vérité & la clémence s'uniroient : où la justice & la paix se donneroient un mutuel baiser, & où l'on verroit accompli ce qu'a dit l'Apôtre : la vertu respectée & comblée d'honneur, & le vice humilié & couvert d'ignominie. (*pag.* 401.)

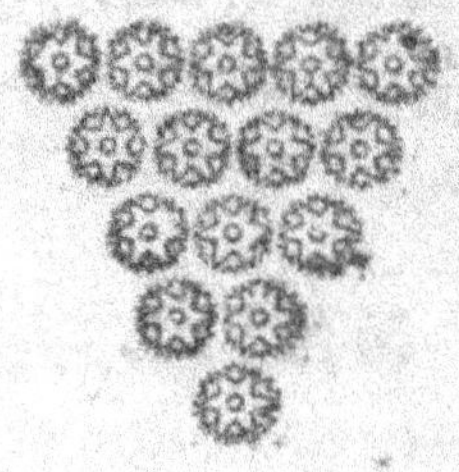

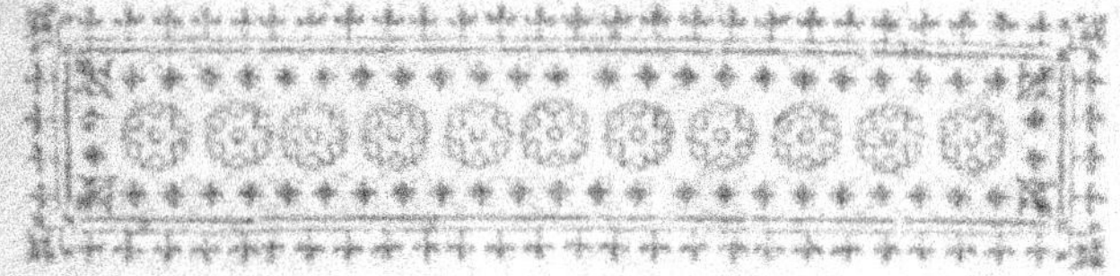

MAXIMES

SUR

LE DEVOIR DES ROIS,

ET

LE BON USAGE

DE LEUR AUTORITÉ;

Tirées de l'Extrait de la Préface des Annales de la Monarchie Françoise, par Limiers.

LES PRÉCEPTES s'effacent, mais les exemples entraînent ; & ce qui fait l'utilité des exemples rapportés dans l'histoire, c'est que, soit qu'ils regardent la Morale, la Politique ou la Religion, ils sont une preuve que le bien n'est pas aussi difficile à pratiquer qu'on se l'imagine ordinairement : que les grandes vertus ont presque toujours été récompensées, & les grands crimes presque toujours punis dès cette vie ; ou que si quelques fameux scélerats ont eu le bonheur de mourir dans leurs lits, leurs noms ont dumoins été couverts d'un opprobre qui ne les transmet qu'avec honte à la postérité.

DANS la Morale, la liaison est si grande des intérêts de l'Etat avec ceux des Particuliers qui le composent, que les uns influent toujours sur les autres, & que les vices & les vertus qui produisent les grandes révolutions peuvent instruire également & les Sujets & ceux qui gouvernent. Ce ne sont pas seulement les vertus des Princes qui contribuent à la prosperité d'un Etat, comme ce ne sont pas seulement leurs vices qui lui attirent les plus grands malheurs: le bien & le mal des Particuliers concourent à les rendre heureux ou malheureux. Et quand l'histoire ne serviroit qu'à faire connoître les causes des évenemens pour les appliquer aux diverses conjonctures où l'on se trouve, on ne laisseroit pas que d'en tirer une utilité très-réelle. On peut s'instruire par ce moyen aux dépens des autres Nations ; on peut, sans sortir même des exemples que fournit la France, éviter les malheurs d'un regne par les défauts d'un autre, & prévenir les maux dont on peut être ménacé par la considération de ceux qui ſont arrivés dans un autre temps. C'eſt ainſi que *Salluſte* oppoſoit les vices auxquels il attribuoit la décadence de la république Romaîne de ſon temps, aux vertus auxquelles les anciens Romains étoient redevables de leur proſpérité : *ils ſe ſont élevés*, diſoit-il, *par diverſes choſes qui nous manquent. Dans Rome on les voyoit ſoigneux & vigilans. Dans les emplois qu'ils exerçoient au-dehors, ils ſuivoient la juſtice & l'équité. Dans les déliberations ils étoient libres de préjugés, & ne montroient ni paſſion ni partialité. Au lieu de ces vertus, nous avons le luxe & l'avarice ; les particuliers ſont dans l'opulence, tandis que l'Etat eſt dans la pauvreté.*

L'HISTOIRE apprend aux hommes à ſe connoître ; parceque les hommes ſont toujours les mêmes ; & cette étude par conſéquent eſt également utile aux Rois & aux Particuliers. Les uns & les autres s'y voyent dans les portraits de ceux qui les ont précédés. Portraits qui ſont pour l'ordinaire d'autant plus reſſemblans, que l'éloignement du temps mettant une grande diſtance entre les originaux & nous, on ne craint point les reproches d'avoir exténué leurs vertus, ou exageré leurs vices.

Cette utilité de l'hiſtoire par rapport à la Morale, eſt la même par rapport à la Politique, on y voit ce qui peut nuire, ou contribuer au bien de la ſocieté; quelle eſt la forme de gouvernement la plus convenable à la nature de l'homme; &, dans les diverſes formes établies, quels ſont les défauts qui en derangent & en alterent la conſtitution. L'hiſtoire nous inſtruit des moyens par leſquels la liberté publique ſe perd & ſe conſerve, elle nous enſeigne ce qui fait la proſpérité & la ruine des Etats les plus floriſſans; par quels degrés un Peuple libre, accoutumé à élire ſes Rois, en eſt devenu l'eſclave dans la ſuite. Comment une Monarchie déclarée héréditaire dans la Maiſon d'où a été choiſi le premier Roi, s'eſt élevée peu-à-peu à une autorité ſi abſolue, qu'elle ne differe en rien du deſpotiſme; par quelle voye les Parlemens établis pour mettre des *bornes* à l'autorité des Rois, ont été dépouillés de ce droit, ou l'ont eux-mêmes laiſſé perdre par leur *nonchalance* & leur *molleſſe*; *juſqu'où* les Rois peuvent porter le droit de *com-*

mander, & *jusqu'où* les Peuples ſont obligés *d'obéir*; quel eſt le ſage *milieu* qui doit ſervir de barrière entre l'ambition des uns & la licence des autres; enfin par quelles Loix un Peuple, ſans devenir *rebelle*, peut veiller à la conſervation de ſes *droits* naturels, quand il s'apperçoit que le Souverain veut les *violer*.

VOILA ce que nous enſeigne l'hiſtoire. Il y a même une ſi grande liaiſon entre la Morale & la Politique, que la véritable Politique n'eſt autre choſe que la juſte obſervation des devoirs que la Morale nous preſcrit. Qu'on examine quelles ſont les cauſes qui ont fait perdre la liberté à la République Romaine, & l'on verra que ce ſont les mêmes qui ont fait perdre l'Empire aux Empereurs. Qu'on examine ce qui a fait perdre aux Rois d'Eſpagne les belles Provinces des Pays-Bas, & ce qui a formé des débris de cette Monarchie, la plus floriſſante de toutes les Républiques, & l'on verra que ce ſont les mêmes excès qui ont quelquefois fait renfermer des Rois de France dans des Monaſtères, qui ont donné lieu à la tenue des Etats du Royaume pour remplir le Thrône vacant, & qui ont fait passer la Couronne dans une Maison étrangère. Il est vrai que quelquefois ç'a été l'ambition de quelques Grands qui a produit ces révolutions ; mais la foiblesse & l'inapplication des Princes, ou l'abus qu'ils faisoient de leur pouvoir, en a toujours été la première cause : le prétexte du bien public a servi à élever sur le Thrône ceux qui n'étoient pas en droit d'y monter ; tant il est vrai qu'il n'y a point de forme de gouvernement, à qui les vices qui attaquent la Morale & la Politique, ne soyent également préjudiciables. Que l'on considére les causes de tant de guerres ou civiles ou étrangères, qui ont mis tant de fois la Monarchie Françoise à deux doigts de sa ruine, & l'on reconnoîtra que ce sont les mêmes désordres que tous les Historiens reprochent aux anciens Romains : l'extrême corruption des mœurs, jointe au relâchement de la discipline Militaire ; les dépenses prodigieuses de ceux qui gouvernent ; la somptuosité de leurs tables, de leurs équipages, de leurs ameublemens ; la magnificence de leurs Palais, leur prodigalité envers *leurs Favoris & leurs*

Maîtresses ; la vie dissolue de ceux qui ont part aux affaires ; la venalité de leurs suffrages dans les délibérations publiques ; leur devouement à un Chef de parti, à qui ils permettent de disposer à son gré de leur raison, de leur liberté, de leur conscience ; la division entre les Citoyens qui prennent chacun leur résolution à part, & qui ne consultent que leur propre intérêt. Ainsi personne ne prenoit soin de défendre la République, & elle demeuroit exposée à quiconque la vouloit envahir. D'où il paroît que si la débauche, le luxe, le libertinage ruinent la liberté des Républiques, ils renversent aussi presqu'infailliblement les Monarchies les mieux fondées ; & que si le vice ou la vertu ont une si grande influence sur la ruine ou la conservation des Etats, quelle que soit la forme de leur gouvernement, la bonne politique consiste à détruire l'un & à faire regner l'autre par une sage distribution des peines & des récompenses. Une autre leçon de politique que l'histoire confirme par mille exemples, & que pour leur propre bonheur, aussi bien que pour le bonheur de leurs Peuples, il seroit à souhaiter que les Rois eussent toujours devant les yeux, c'est que, *s'ils souhaitent de conserver leur autorité, ils ne doivent jamais entreprendre de l'étendre au-delà des justes bornes que leur prescrivent les Loix particulières de leur Etat*. C'est un principe répandu dans toute la politique d'*Aristote*, que les Rois sont des *Tyrans*, dès qu'ils veulent s'attribuer un pouvoir qu'ils n'ont pas par les Loix. *Il n'y a Roi ne Seigneur sur terre*, dit Commines, *qui ait pouvoir, outre son domaine, de mettre un denier sur ses Sujets sans octroi & consentement de ceux qui le doivent payer, sinon par tyrannie ou violence*..... L'Histoire nous apprend que, quelle que soit la forme de gouvernement, les Rois jurent toujours de maintenir les droits du Peuple, & le Peuple de défendre l'autorité des Rois; mais en tant que cette autorité est exercée conformément aux Loix; & pour m'en tenir ici au gouvernement de France : *l'Empire des François*, dit un Auteur cité par M. de Thou, *a été dès le commencement réglé sur les Loix, sans jamais avoir été corrompu par aucun desir de dominer. Comme sans avoir un Chef, les Peuples ne pouvoient pas conserver ce qu'ils avoient acquis par leur valeur & par leurs armes, ils choisirent un Roi, dans la famille duquel ils pussent avoir des Gouverneurs. Ces Rois ne gouvernoient pas selon leur caprice : leur pouvoir étoit bridé par les Loix auxquelles eux-mêmes obéissoient.*

Enfin l'utilité de l'histoire par rapport à la Religion, c'est qu'elle nous apprend combien la Réligion est nécessaire pour le bien de la societé. Il est vrai que la raison seule peut suffire pour obliger les hommes à se dépouiller en quelque façon de leur liberté naturelle, & à la mettre comme en dépôt entre les mains de ceux qu'ils ont choisis pour les gouverner. Mais ce que la nécessité leur a fait faire, parcequ'autrement ils n'auroient pû s'assûrer de jouir de leur vie & de leurs biens, quel autre motif que celui de la Religion peut les obliger à le ratifier, dès qu'il est tant soit-peu contraire au désir d'être heureux, pour lequel ils ont fait ce sacrifice ? Quel autre motif que celui de la Religion peut les engager à l'observation des devoirs mutuels de la societé ? L'amour de la gloire, le héroïsme suffit-il pour porter les hommes à sacrifier à la défense de leur patrie cette même vie & ces biens pour la conservation desquels ils se sont soumis à un gouvernement ? Il faut donc un principe plus noble, plus universel, plus capable d'agir sur les ames moins sensibles à la belle gloire ; & ce motif ne peut être que la Religion. C'est elle qui par l'espérance qu'elle nous donne d'une autre vie, nous porte à sacrifier à notre Patrie tout ce que nous possédons en celle-ci : c'est elle qui met un frein à nos passions, qui empêche que la societé ne devienne un brigandage qui fait respecter les Loix & les Jugemens, & qui fait qu'on se soumet à une condamnation quelquefois injuste, parcequ'elle émane d'un autorité à laquelle la Religion attache un nouveau motif de respect.

FIN.

www.ingramcontent.com/pod-product-compliance
Lightning Source LLC
LaVergne TN
LVHW010210070726
842528LV00014B/778

* 9 7 8 2 3 2 9 2 4 1 4 0 1 *